呼和浩特市民政局社会组织孵化基地项目资助

"三社联动"
政策下的
地方社区实践

以呼和浩特市为例

LOCAL COMMUNITY PRACTICE UNDER THE POLICY OF
"LINKAGE OF COMMUNITY, SOCIAL ORGANIZATION AND SOCIAL WORKERS":
TAKING HOHHOT CITY AS AN EXAMPLE

主　编　**杨志民**
副主编　**余炘伦　郜秉英　吕霄红**

社会科学文献出版社
SOCIAL SCIENCES ACADEMIC PRESS (CHINA)

总　序

蔡常青[*]

　　当作者将三本厚重的书稿给我并要我作序之时，我内心既不安又感动。之所以不安，是因为这几位作者都毕业于名牌大学，师从于国内社会学的权威学者；而我作为一个"半路出家"的学者，深恐遮掩了这三本书的光彩。之所以感动，是因为在当今学术漂浮风气浓重的背景下，他们却能跳出书斋，下很大功夫深入社区调研，其学风尤其难能可贵。我与吕霄红等老师结识于2017年。当时我在撰写基层治理专著时，看到他们的若干篇社区工作调研报告，应当说，这些是我近几年看到的内蒙古学者最扎实的一线报告，给我留下了深刻的影响。于是，我在后期做阿拉善左旗基层治理课题时邀请他们合作，进一步感受到他们用脚丈量基层的务实精神。这也是我决定为本书作序的缘由。

　　有什么样的精神就有什么样的作品。细读此书，既能感受到他们扎实的专业功底，更能体会到深入社区调研带来的扎实的"草根"味道。本套扎根于内蒙古基层社区治理实践的学术创作，

　　*　内蒙古发展研究中心原党委书记、中共内蒙古自治区委员会宣传部理论处处长、内蒙古哲学社会科学规划办主任、内蒙古中国特色社会主义理论体系研究会秘书长、全国党的建设研究会特邀研究员、中国政治学会理事、内蒙古大学硕士生导师等。主要研究领域涉及中国特色社会主义理论、党建、人才学、基层社会治理等。

既有作者身体力行的实践经验，还有在实践基础之上的理论思考和模式总结；既利用社会工作专业服务了社区和民众，又提升和创新了相关领域的知识。可谓知行合一，成人达己。

本套丛书共三册，分别为《"三社联动"社区实务模式——以呼和浩特市为例》、《"三社联动"政策下的地方社区实践——以呼和浩特市为例》、《社会评估实务模式——资源与需求评估》，三本书分别从"三社联动"的模式总结、政策实践和社区评估的角度开展了研究和实务工作，在实现理论创新的同时也取得了一定成效。

本套丛书的特色在于对"三社联动"下社区服务的深入调研和系统总结，基于从呼和浩特市城市社区收集来的第一手调查资料和数据进行分析，结合定性和定量两种研究方式，准确而全面地反映了社区居民的诉求和意愿，在此基础上进一步制定相关服务计划和方案，做到有的放矢、精准服务，避免社会福利资源的浪费，提高了服务的效率和效果。这种严谨且对服务对象负责的专业精神和价值观念，体现该丛书的编写团队和参与人员具备了良好的专业素养，坚守住了社会服务的伦理原则，这是作为社会工作学者应有的精神和担当。

该丛书的负责人吕霄红长期从事社会工作研究与服务工作，数十年带领学生深入社区和学校提供社会工作专业服务，教学相长，取得了一定的影响力和美誉度。在国家大力推动社会工作发展的背景下，吕霄红多次协助当地民政部门进行政策咨询，共商呼和浩特市本地社会工作发展的模式和策略。正是借助与各方[政府（民政）、街道、社区、社会组织、专业社工、社区居民]长期的互信和合作关系，她提出了符合呼和浩特市本地的"三社联动"模式，也就是该丛书这一主要成果。

进入21世纪以来，"三社联动"的模式在全国多地均有所提及和实践，本丛书的核心价值在于对"三社联动"模式进行了系统化的梳理和总结，并回答了枢纽型社会组织、支持型社会组织和服务型社会组织如何在"三社联动"的体系中发挥作用，以及发挥什么样的作用的问题。这对于"三社联动"实务模式的高效实施十分关键。此外，作者提出政府部门（民政）在"三社联动"模式中的领导作用不可忽视，这符合对我国国情的基本判断，也符合当前我国社区治理的方向。当然本丛书作者的视角更多地放在社会组织之上，强调社会组织作为政策福利和社区民众的桥梁和中介，并细化了不同类型社会组织在其中发挥的作用。

更令我欣慰的是，本丛书的作者们并没有止步于模式的研究和探讨，而是将研究成果和社会服务紧密结合在一起，利用专业知识和服务实践来推进理论研究和创新，在形成初步成果的基础之上，又调整专业服务的策略，使之更符合专业规律和居民需求，最终将研究成果付诸实践，回报社会。从这个角度上讲，本丛书的价值不仅限于其理论和模式创新，还包含了方法创新、实践创新，是一项直面社会真问题、居民真需求的课题，其价值最终体现在解决实际问题的有用性上。

虽然本丛书的作者们付出了极大的辛苦和努力，形成了良多的成果值得我们进一步学习和讨论，但探索基层治理之路任重道远。目前我国社区治理和"三社联动"仍然存在诸多问题亟待破解，这需要更宏观的视野、更大胆的突破、更富使命感的思考，就此意义而言，则本书的探索还不够，需要从社区主体性、公民权利和权益保障、居民自我服务和互助意识、社区生态和文化建设、空间和资源的再造等角度进行深入研究和探讨。

序：通往融合共治之路

史柏年[*]

随着我国改革开放的进一步深入和经济社会的腾飞发展，我国的社会管理体制及治理策略发生了根本性的变革。"20世纪90年代以来，以单位制消解和社区建设勃兴为主要内容的社会体制变革从根本上改变了中国社会的基层结构。中国社会宏观联结方式的根本性变化，即由'国家－单位－个人'的控制体系向'国家－社区、社会团体－个人'协同参与模式的转变。"过去由"工作单位"所提供给个人的教育、医疗、养老、保险、后勤等社会福利被转移到了人口与职业结构分化且需求多元化的社会与社区层面。与此相适应，政府调整社会管理的机制和权力运作方式，将过去政府的部分管控职能从市级、区级下放到社区，让原属于社会的部分权力归位于社会、回落于社区，以建立科学的社会治理运作体系，从而形成政府与民间组织、社区治理的良性互动机制。在当今政府治理与社会发展的进程中，"社区"扮演着日益重要的角色。

社区发展与社区治理是社会，特别是市民社会发展到一定阶

---

* 史柏年，中国青年政治学院社会工作学院教授，国家开放大学社会工作学院执行院长，中国社会工作学会副会长，民政部社会工作职业水平评价制度建设专家委员会副主任委员。

段的产物。从世界范围来看，社区与社区治理是伴随政治民主化的进一步加深和市民社会的形成而逐渐出现的。在欧美发达国家，社会组织的蓬勃发展、专业化社会工作队伍的形成和社区自治能力的提高，这三者是相伴随行的。

如若在此历史脉络下定位当前我国的"三社联动"政策，我们便会发现，自党的十八届三中全会以来，我国各级政府便试图通过基层社会治理创新体制的建立，摆脱欧洲社会发展过程中市场与国家之间的困局，让"国家－市场－社会"三者之间能够形成更加多元而有机的互动形式：国家适度地将权力下放至社区传统机构、社会工作机构和其他社会机构，使其得以在党和国家的监督下，针对社区议题，基于社会自身理性，依托社会工作方法，引入市场资源，实现社区群众公平正义的社会价值想象。

也就是说，要进一步深化我国的社会主义核心价值观，就必须在各地壮大人们共同生活的社区自治能力，让居民能够在社区这个场域内参与各种活动，并在参与过程中孕育、促成社会主义民主体制不断转化，形成进步的原动力。将民主及社会参与落实于生活之中，并由对公民意识的形塑产生对所生活的社区、所在的省市，和对国家的向心凝聚力，进而逐渐明确我国社会主义本土实践的边界，形成公民－国家的一体性，这将是我国社会治理本土化转型过程的必经道路。

值此迈向"国家－社区－公民"融合共治的"中国特色社会主义发展道路"之际，内蒙古大学的老师与呼和浩特市睿联凯舟社会工作发展中心的专家团队合作，通过一系列的社区田野实践及项目计划，持续在民族地区探索更切合本地政经环境的"三社联动"机制。呼和浩特市睿联凯舟社会工作发展中心自2014年成立以来，致力于探索创新社会发展模式，是内蒙古自治区社会组织服务创新重要的推动力。该中心多年来深入呼和浩特市赛罕区大学西路社区，进行资源需求评估，形成项目清单，组建社会治理核心团队，并进一步以需求为导向，协助政府部门有效开展公益创投，形成"政社、校社、企社、社社"的多方合作平台，带动在地各界社会力量走向"国家－社区－公民"融合共治的道路探索旅程。

而这一丛书便是多年来睿联凯舟社会工作发展中心在此探索实践的旅程中所留下的里程碑。成功的社会转型除了社会群众自发、积极地参与之外，必然还涉及社会思想及知识框架的变革。这其中除了知识份子必须扮演创新、探索的角色之外，更重要的是成熟而蓬勃发展的群众参与机制必须由下而上地形成有效而坚实的有机联动，来促成社会中各主体发挥其优势，弥补对方的劣势，共同推动理想社会价值的实现。因此，衷心期盼这一丛书除了能为我国社会治理本土经验知识留下不可磨灭的注脚外，更能带领千千万万生活在社区中的群众走向一条融合共治的康庄大道。

2019 年 5 月

编者序：党建引领"三社联动"，创新呼和浩特市社会治理发展

杨志民

近年来，我国逐渐从社会管理向社会治理过渡。而城市社区是联系群众最直接、服务群众最具体、社会治理最基本的单元，面对新时代人民日益增长的美好生活需要和不平衡不充分的发展之间的矛盾，我们必须进一步升级和创新城市社区治理和服务功能。"三社联动"在提高社会治理水平，充分发挥社会力量，凝聚社区居民广泛参与，形成共商、共建、共享的新格局方面有着独到的优势，是创新社区治理、构建现代社会服务体系、巩固党的执政基础的机制和手段，经过多年的探索，已经逐渐趋向成熟。

党的十九大提出加强社区治理体系建设，推动社会治理重心向基层下移，发挥社会组织作用，实现政府治理和社会调节、居民自治的良性互动。为"三社联动"的发展提供了正确的方向指引。呼和浩特市近几年积极开展"三社联动"模式，不断探索、创新社会治理的新方式、新手段，坚持以基层党组织建设为关键、政府治理为主导、居民需求为导向、改革创新为动力、健全体系、整合资源、增强能力，完善城乡社区治理体制，努力把城乡社区建设成为和谐有序、绿色文明、创新包容、共建共享的幸福家园。

呼和浩特市委组织部坚持以党建为引领，在统筹全市非公党建工作中，着重加强对社会组织的党组织培养，通过党建带动社会组织发展，以社会组织发展促进社区服务，培育社区社会组织，培养社会工作专业人才，从而夯实党的执政基层，将社区、社会组织、社会工作者三者进行有机结合，形成协调发展、良性互动、功能互补，共同促进形成社区治理现代化新局面。

呼和浩特市"三社联动"体系，是以基层党组织发挥领导核心作用，基层政府发挥主导作用，基层群众性自治组织发挥基础作用，各类社会力量发挥协同作用而共同构成的结构性社区共治体系。选择赛罕区大学西路街道作为"三社联动"示范点，以示范试点为开端，以呼和浩特市睿联凯舟社会工作发展中心作为示范单位，坚持街道党工委领导，联系前进巷社区党委，通过以点带面，实现全面开花。

一　发挥领导协调作用，积极培育社会组织

一是明确党领导社区治理的体制和机制设计地位，在指导方向上对社区居委会、业委会等自治组织及各种各类新型基层社会组织进行领导。通过积极协调提供场地、配置设备，为支持型社会组织进社区提供硬件设施和有利的活动环境。

二是始终坚持将培育和发展本地社区社会组织作为增强社区"政社互动"的首要任务，在支持型社会组织成长的基础上，不断加强对本社区社会组织的培养，搭建社区共建共治平台并引导社区居民自治、自力、自理。

三是政府部门负责社区治理具体工作的主导责任，政府部门进行权力和责任分离，在"政社分开"原则下列出政府社会职能转变的"清单"和政府向社会组织购买社区服务的"清单"，通过政府购买服务的方式，引导社会组织开展社区治理和服务路径

及方向。

四是以项目化运作为手段，为社区发展"引资聚力"，通过多样化的社会组织引入外部各种资源进社区，激发社区活力，同时通过社会组织和专业社工提供专业化、有针对性的服务等方式，提高社区服务质量，实现社区服务一体化发展新格局。

二　加强社会组织党建，提高社区服务能力

一是加强非公党建，对有党组织的社会组织，规范党的政治生活、完善党的各项制度，确保党组织正常运行。对无党组织的社会组织，有条件的积极帮助成立党组织，并进行组织培训，确保正常开展。对党员较分散的社区社会组织，积极进行联系，与社区党组织一起成立联合党组织，接受街道党工委统一领导。这就将外部进入及社区内部培养形成的社会组织，统一纳入党的管理和指导范围，同时在社区内扩大党的影响力和号召力，增强党的服务能力，促进党的建设，夯实党的执政基础。

二是以"党建＋公益"的方式，在上级党组织的统一领导下，将党建活动与公益项目有机结合。建立呼市社会组织党群服务中心，对孵化中的社会组织进行党组织的建设和培育。按照组织部"两新组织"的党建要求，在党群活动服务中心成立了社会组织"流动党员"之家，重点打造了 10 个社会组织"流动党员"党建示范点，为每个示范点申请 1 万元党建专项经费，帮助社会组织成立党组织，以党建促服务，以服务连群众，将党内政治生活与社会组织服务项目结合起来，将社会组织党建活动与民生工作融合发展，形成党建促民生，服务推党建的良性循环。

三是通过社会组织党员宣传带动，倡导和培育社区居民的公共精神，注重培养和挖掘社区中的骨干能人，针对不同的社区情况，形成"一社一品"的社区服务形式，如针对老人较多的"老

年社区",形成居家安全、社区照顾的"夕阳红"老党员社会特色服务;针对在校儿童较多的社区,形成青少年成长健康、培养品质的"小红星"团员社会特色服务。通过这样分阶段、分类型,有针对性地进行党员带动,打造多元服务的整体街道服务,满足更多类型居民的需要,不断提高社区为民服务能力,增强社区凝聚力。

四是以社会组织党建,深化社区建设,增强社区支撑"三社联动"的基础功能。社区是社会组织和专业社会工作者参与基层社会治理、服务广大居民群众的重要阵地,以党建带动社区建设,进一步改善社区办公服务用房和公益性服务设施,增强社区的载体功能,为社会组织和专业社会工作者参与社区治理服务提供良好条件。同时,加大社区信息化网络建设力度,为"三社联动"和社会组织及专业社会工作者参与社区治理服务提供技术支撑。

三 完善工作机制,支持培养社会工作专业人才

一是注重鼓励扶持面向社区的社会工作专业机构,为培养社会工作专业人才提供平台。扶持社会组织深度参与社区治理服务,在社会工作发展方面,注重推进社区社会工作,把社会工作的理念和方法、技巧普及运用到社区工作领域,通过开展培训、交流学习等方式把越来越多的社区工作者培养、造就为具有助理社会工作师、社会工作师等任职资格的社会工作专业人才。

二是积极探索购买岗位体制机制,通过财政供养的方式,设立对口的社会工作专业社区工作岗位,完善相应福利保障制度,畅通晋升渠道,把优秀的社会工作专业的高校毕业生和社会工作专业人才吸纳到社区工作者队伍之中。

三是探索和完善"社工 + 志愿者"的模式,专业社会工作

者引领社区志愿者开展服务，社区志愿者协助专业社会工作者拓展服务，积极整合专业社会工作者和社区志愿者两类资源，实现联动双赢、互补互惠、互动共进，提升社区治理服务水平。坚持以社会工作者为主导，社区志愿服务积极配合，发挥专业社会工作者的"组织员"作用，鼓励和支持专业社会工作者按照规定程序担任社区志愿者组织的负责人，按照规定程序委以组织协调社区志愿者的责任；发挥专业社会工作的理念方法优势，扮演"设计员"和"公关员"角色，组织、协调、督导志愿者开展社区服务管理活动；充分发挥社会工作者的"督导员"功能，对志愿服务进行实时督导，带动志愿者提升社区治理服务水平。

四是注重服务实践，在社区资源、需求评估，社区服务项目设计等方面，敢于用人，培养社会工作人才。在评估社区资源及发现居民需求的过程中，安排具有社会工作理论素养的社工进行实践活动，入户调查，调查访谈，统筹设计，把发现和梳理出的居民合理需求转化为社区工作任务和工作项目；在社区服务中，通过项目资助等方式，大力支持社会工作团队运行承担，使其在服务中不断磨炼成长。同时，加强和完善社区党组织和居民委员会对相关社会工作者的指导监督，帮助相关社工机构、社会工作者保质保量地完成按约定承担的社区工作项目，以取得居民群众和参与各方共同受益的良好效果。

通过上述目标的实践，我们希望让不同政府、企业、社会组织所追求的各类社会、经济、文化价值得以通过"社会工作"这个平台进行联结，各自发挥优势，也互补不足，进而在社区中将公众参与的能量凝结成基层社会组织与基层党建、地方政府创新治理形式的动力，以统筹社会资源，拓展公民参与社会治理的途径和方式，达成基层社会治理合力的理想。

作者简介

杨志民　现任呼和浩特市社会组织党委书记、呼和浩特市民政局党组成员、副局长，分管与社会福利及社会工作相关之社区/社会组织管理、养老、儿童福利、精神康复、特殊教育等工作。致力于推动"三社联动"政策在呼和浩特市的落地实践，通过协助孵化在地社会组织连接在地社区及市场资源，以建设城市社区治理和社会服务体系。

目录
Content

"三社联动"在呼和浩特市的政策实践

1

"嵌入 + 融入"：呼和浩特市社会组织 "流动党员" 党建工作路径的创新与探索

——以呼和浩特市党群服务中心为例

郜秉英　吕霄红

社会组织党建是加强党的组织扩张与组织覆盖的重要内容，是执政党现代化乃至推进国家治理体系和治理能力现代化的重要抓手。2015 年中共中央办公厅印发了《关于加强社会组织党的建设工作意见（试行)》文件，明确指出党组织要在社会组织中发挥政治核心作用。

然而，社会组织如何开展"流动党员"的党建？既缺乏现成经验，又没有简单解决方案，需要党建专家和实务者共同探讨这一话题。

一　呼和浩特市社会组织党建的现状

（一）呼和浩特市社会组织党群活动服务中心党建现状

根据内蒙古自治区党委办公厅发布的《关于加强社会组织党的建设工作的实施意见》（内党办发［2015］51 号）的文件精

神，在全区率先建设了呼和浩特市社会组织党群活动服务中心（简称中心），构建社会组织"流动党员"党建工作新格局。

呼和浩特市社会组织党群活动服务中心，设在市社会组织创新服务基地，面积约 150 平方米，整合了创新服务基地的各项资源，指导市四区建设了区级社会组织党群活动服务中心；成立了社会组织"流动党员"之家，重点打造了 10 个社会组织"流动党员"党建示范点，为每个示范点申请一万元党建专项经费；集中开展"两个覆盖"专项行动，截至 12 月 15 日，市本级 57 个符合党章规定条件的社会组织单独新建立了党组织，社会组织单独组建党组织总数达到 77 个；428 个不符合单独组建党组织的社会组织分别按照业务主管、属地管理等方式联合建立了党组织，社会组织党的组织和党的工作覆盖率达到 92%。总体来看，呼和浩特市社会组织"流动党员"党建工作取得了阶段性成果。

（二）呼和浩特市社会组织"流动党员"党建现状

"流动党员"，是指离开本单位或居住地党员外出务工经商或从事其他正当职业，无固定地点或无法转移组织关系的党员；外地或者外单位流入未转移组织关系的党员。

社会组织"流动党员"，在本文特指无固定地点或无法转移组织关系；入驻社会组织创新服务基地进行孵化、培育的党员。

社会组织"流动党员"党建主要是针对社会组织中的"流动党员"，目前，我党"流动党员"普遍存在以下几个问题：

第一，"流动党员"稳定性低

目前"流动党员"普遍存在的问题就是稳定性低，主要表现在以下几个方面：

（1）党组织重视，党员不重视。各级党组织通过各种渠道积极联络党员，积极运作，组建"流动党员"组织，但是有的党员的思想、行动不积极，甚至是消极的联络组织，最终形成了很多隐性党员。

（2）党内重视，而社会不重视。目前我国社会经济取得很大的发展，但是不可否认的是部分社会生产单位不重视"流动党员"的管理，更有甚者拒绝党员来企业工作。

（3）重视管理，缺乏关心。基本沿袭过去传统的"流动党员"管理模式，基本不关心"流动党员"的工作、生活，只是片面强调作为党员的各项义务，却很少去关注"流动党员"的权利，最终形成了一种党组织一边在找党员，而另一边又失去了和原有"流动党员"联系的恶性循环，使得党员的稳定率低。

第二，党建组织巩固率低

目前而言，党建主要有四个方面的困难：一是作为党员流出地对流出的党员去向不明，没有有效联络方式，而流入地对流入的党员却是联络不力，加上有些党员组织意识不强，难以联络。二是党组织的组建成本比较高，有些社会生产单位，外资企业根本不愿意建立党组织。三是组织开展活动难。有很多的党组织开展活动多年来形式太单一，内容老旧，时间安排不合理，导致党员的参与率极低，更不用说"流动党员"了。

第三，党建制度执行率低

现在党组织存在着制度一边在出台，而一边又存在着有章难循的局面。主要表现为四个现象：制度出台多，但贯彻少；应付的事多，切合实际的少；表面文章多，实际内容少；片面要求义务的多，保障权利的少。

这些党建明显存在着诸多问题，对"流动党员"存在的特殊性没有深刻的认识，对这个群体的管理规律没有有针对性的把握，导致一些党建制度成了摆设。

第四，管理方式实效性低

虽然有很多的社会组织的党组织对"流动党员"的管理方式进行了一定程度的创新性探索，但是这些方式并没有触及"流动党员"的问题的核心，没有与时俱进，流于形式，没有抓住"流动党员"党建的管理重点而是较多地侧重于统计造册、党组织建设、开会的次数等表象化文章，管理手段过于老化。忽视了对"流动党员"的思想动态、党性觉悟、学习生活的把握。

二 以"嵌入 + 融入"为路径，实现社会组织"流动党员"党建的全覆盖

研究发现，通过若干硬性要求的"刚性嵌入"，可以在形式上实现两个覆盖并有效扩大党在社会组织中的覆盖面；而"柔性融入"则通过激发社会组织党组织生机活力的若干举措，推动社会组织"流动党员"党建工作落到实处，让党建工作成为社会组织由内而外的主动行为。

（一）如何界定"刚性嵌入"和"柔性融入"[①]

1. 刚性嵌入

所谓"刚性嵌入"，是指党和政府在社会组织"流动党员"党建过程中所采取的具体且明确的规定性动作，其目的在于通过刚性嵌入以强制要求社会组织完成党建的各项工作，从而在形式上实现党的组织和党的工作全覆盖。

之所以使用"刚性"一词，是考虑到面对党和政府关于社会组织"流动党员"党建的硬性要求，社会组织必须无条件按章照办，否则将对其组织的成立和日常运作产生不良影响。与之相关联，之所以强调"嵌入"，是因为党和政府关于社会组织"流动党员"党建的硬性要求与社会组织的内部结构紧密结合，进而能

---

① 徐宇珊，俞祖成：《刚性嵌入与柔性融入：社会组织党建工作路径探索——以深圳市社会组织党建工作为例》，《中共福建省委党校学报》2017 年第4 期。

够将党建工作直接嵌入其组织架构。

"刚性嵌入"是从中央到社会组织各级党委政府对社会组织"流动党员"党建工作的要求，目前各地做法虽有差异，但目标基本一致，均为了扩大两个覆盖。

2. 柔性融入

所谓"柔性融入"，是指实现社会组织"流动党员"党建与社会组织发展同步进行，将社会组织的专业服务优势与党的先锋模范作用有机结合，以此实现党建工作引领社会组织发展，进而让党建工作成为社会组织实现其宗旨使命的助推力量。

换言之，通过柔性融入，我们可以推动社会组织自觉自愿地靠近党组织并主动地开展党的活动，进而实现党建工作在实质性上的有效覆盖。之所以使用"柔性"一词，主要考虑到与前述硬性规定相比，这些内容属于引导性而非指令性，是党和政府给社会组织提出发展方向。

与之相关联，之所以强调"融入"，是因为它将党的工作与社会组织的业务融于一体，不是组织架构上的生硬组合，而是一种工作机制的自然融合。因此，柔性融入有助于从实质上实现社会组织"流动党员"党建工作的全覆盖。

（二）以"刚性嵌入"为主导，实现社会组织"流动党员"党建形式上的两个覆盖

1. "刚性嵌入"的规定性要求

第一，修章程：让党建工作入章程。根据《关于加强社会组织党的建设工作的实施意见》的要求，呼和浩特市颁布有关推动社会组织"党建入章程"的工作通知，据此呼和浩特市社会组织创新服务基地要求新申请孵化的社会组织应参照《社会组织"党建入章程"范本》，将"支持党的建设"明确写入社会组织章程中。而已登记成立并已入驻呼和浩特市创新服务基地的社会组织

则应召开理事会等重要会议，通过修订章程将"支持党的建设"等内容补进本社会组织的章程中。

第二，重评估：将党建工作纳入社会组织等级评估指标体系。呼和浩特市社会组织创新服务基地明确提出："将是否组建党组织作为申报 4A 级社会组织的硬性指标，对符合条件未按规定组建党组织的，实行一票否决。"根据这一要求，党建工作已然成为呼和浩特市社会组织创新服务基地 4A 级社会组织等级评估中的必选项。实际评估工作中，"党建工作"暂未纳入指标体系的控制项，但在评估中所占比重已越来越大。目前在关于社会组织的内部治理、业务活动和信息公开等方面均有党建内容的评估硬性指标，在呼和浩特市社会组织等级评估总分 500 分中，与党建有关的指标总计 25 分，占总分值的 5%。

第三，双孵化：党建工作与孵化入驻同步。根据民政部印发的《关于社会组织成立登记时同步开展党建工作有关问题的通知》，呼和浩特市社会组织创新服务基地要求在社会组织申请孵化入驻时做到"三必须"：第一，必须采集党员信息登记。第二，必须指导社会组织将党建工作写入社会组织章程，并将此作为成立登记的必备条件之一。第三，必须组建党组织，即凡是有 3 名以上党员、符合成立党组织条件的单位，都要同步筹备成立党组织。对有党员但暂不具备建立党组织的，要列入党建信息库。

面对越来越多的社会组织入驻到呼和浩特市社会组织创新服务基地，仅靠基地的现有的工作人员显然难以真正地实现社会组织结构的"嵌入"。为此，呼和浩特市社会组织创新服务基地结合各入驻基地的各类社会组织的特点采取不同的举措，以此推进党的组织和党的工作在各类社会组织的覆盖，进而实现"刚性嵌入"。

2. "刚性嵌入"的实施方式

尽管呼和浩特市党委和政府对社会组织"流动党员"党建工

作提出了上述"硬性要求"，但面对千余家社会组织，仅靠市区两级登记管理部门的工作人员显然难以实现真正的组织结构的"嵌入"。为此，呼和浩特市结合各类社会组织的特点采取不同的举措，以此推进党的组织和党的工作在各类社会组织的覆盖，进而实现"刚性嵌入"。具体而言，对于增量的社会组织，登记环节的三同步可以基本实现党建工作的摸底排查。对于存量的社会组织，则主要依托各类社会组织的"龙头"组织，起到"牵一发而动全身"的管理效果。

（1）依托枢纽型和支持型社会组织实现两个覆盖。依托具有较大影响力的支持型组织，以及各区及街道的呼和浩特市社会组织创新服务基地，组建联合党委并委托其负责统领会员组织的党建工作。

（2）依托行业协会引领行业及非公企业党建。依托行业协会开展党建工作，体现了重点突出和全面排查的特点：

一方面，重点培育一批在呼和浩特市四大支柱产业、战略性新兴产业、未来产业和优势传统产业中成立的行业协会党建工作示范点；另一方面，绝不放弃一个行业协会，消除党建工作"空白点"和"盲区"。

（3）依托省级异地商会建立异地商会党委。依托省、自治区、直辖市异地商会和部分地市级异地商会为龙头，组建一批异地商会党委，负责统筹指导其联系的团体会员及会员企业党建工作。凡是以该省的人为主成立的社会组织，都归到这个省的异地商会党委。

（三）以"柔性融入"为引导，实现社会组织"流动党员"党建的实质性的全覆盖

"刚性嵌入"的组织建设有助于扩大社会组织"流动党员"党建"覆盖面"，却可能导致社会组织的内部排斥和消极应对，以及高覆盖率与"组织空转"的现象。如果社会组织把党建工作视为负担和累赘，无法有效地把党建工作与社会组织自身的发展紧密联系起来，那么党建工作不但无法起到正向作用，反而有可能损害党的形象。为此，我们认为，要想真正发挥党组织的有效作用，不仅需要形式上的"刚性嵌入"，更需要实质意义上的"柔性融入"。

第一，通过党建工作，搭建与社会组织党群服务中心联系桥梁

社会组织建立基层党组织，搭建了党和政府联系社会组织的桥梁，使其成为社会组织党委与社会组织及其所属行业进行对话的平台，有助于社会组织反映诉求并有助于党和政府及时了解社会组织的困难和问题，进而推动社会组织健康发展。

第二，通过党建工作，推进社会组织党群服务中心标准化建设，开展优质专业社会服务

目前需尽快推进《社会组织党群服务中心服务运营标准》的制定，社会组织党群服务中心在社会组织专业服务系统需进一步完善，如在服务需求评估、服务方案设计、服务成效评估这一整套完善的制度标准化建设中，调研方案设计中选取何种抽样调查方式，调研分析是否采用 SPSS 进行科学分析，调研结论是否能真实反映居民需求，服务设计是否与调研需求相匹配，项目遴选是否发挥了应有的效用，服务成效评估如何将过程性评估与结果性评估相结合，如何将量化评估与质化评估相结合等，都是社会组织党群服务中心在服务专业化提升方面值得认真思考和探究的问题。

第三，通过党建工作，整合资源，构建多层次服务体系与社会组织支持网络

社会组织党群服务中心应秉持着在社会组织党委的统一指导下以社会组织为本的理念，与社会组织其他多元主体平等参与，

协同合作，链接多方资源，从开展单一的、零散的、临时的社会组织服务转变为构建多元的、系统的、规划性的多层次服务体系与社会组织支持网络。

社会组织党群服务中心是一个综合服务的社会组织平台，它将发挥着联结政府与人民、管理与服务的积极作用，是社会组织治理的重要载体，因而，社会组织党群服务中心的功能有效发挥需要社会组织多元主体的共同努力与协作，也需要社会组织政府、企业、医院、学校、社会组织、志愿者等多方资源的支持，共同构建起社会组织多层次服务体系与社会组织支持网络。

柔性融入若进展不利，则会使得刚性嵌入的实际效果大打折扣并有可能使其成为僵尸组织。各级党委和政府在推进社会组织"流动党员"党建工作的过程中，应考虑将柔性融入伴随着刚性嵌入的各个环节，进而实现社会组织"流动党员"党建工作在形式与实质上的有机统一。

三　创新党建管理模式，提升社会组织"流动党员"的归属感

（一）建设服务型党组织，提升"流动党员"的效能感

中心党总支为了适应新形势要求和孵化培育公益机构及帮扶困难受助群众，决定以服务型党组织建设为基本途径，准备制定《呼和浩特市社会组织创新服务基地党组织建设实施方案》，此项方案的制定使中心党总支就如何搞好"双孵化"培育公益机构的服务，帮扶更多有需要的困难受助群体，发挥党员的模范带头作用，激发更多志愿者加入和参与其中有了基本规范、基本途径、基本方法和基本目标，同时也具有了检查考核的基本依据。

（二）开展互动学习、网络平台，提升"流动党员"的凝聚感

为了让社会组织能够持续开展有内容、有深度的党建活动，开展社会组织孵化服务，逐步带领团队自我运作、发展。通过发动员工参与设计小组活动、引入罗伯特议事规则、开展员工趣味运动会等，培养团队合作精神和自助互助能力，挖掘组织领袖人物，将团队发展成为各类社会组织，实现自我造血功能，确保党建活动持续有效开展。

（三）以"两学一做"教育活动为契机，提升"流动党员"的动力感

通过实施党的群众路线和"两学一做"教育实践活动，注重引导自觉践行服务宗旨，激发广大党员、志愿者活力和强化为困难群众的服务力度，有效助力社会组织的发展。

（四）以党建项目品牌化为载体，提升"流动党员"社会服务的创新感

成立"助力党建，社工随行"的项目，通过在线学习、公益志愿、压力释放、情绪管理等活动，不断加强党员及社会组织党员团队凝聚力，在工作和生活中增强党员责任感，发挥党员模范先锋作用与社会组织的专业性相契合，并融入党建工作中，激发各级党组织的主动性和创新意识，促使党建活动不断推陈出新，使党组织的学习交流活动与文体娱乐活动有机结合起来，带动了流动党员的广泛参与，形成"鲶鱼效应"，促成了充满生机、活力四射的党建氛围。

"公益慈善组织是社会的润滑剂，我们的作用是替党和政府分忧，替困难群众解愁，让党和政府的温暖覆盖到每一名需要帮

助的困难群众身上。"

参考文献：

陈家喜：《我国新社会组织党建：模式、困境与方向》，《中共中央党校学报》2012 年第 2 期。

李明忠：《加强社会组织党建工作的思考》，《改革与开放》2016 年第 19 期。

民政部直属机关党委：《广东省社会组织党建工作调研报告》，《中国社会组织》2016 年第 1 期。

徐宇珊、俞祖成：《刚性嵌入与柔性融入：社会组织党建工作路径探索——以深圳市社会组织党建工作为例》，《中共福建省委党校学报》2017 年第 4 期

张会杰、付锡军：《"拱桥模式"推动社会组织党建实践创新》，《慈善学人》2017 年 5 月 19 日版。

吴尚轩：《让党建工作融入社会组织日常工作中》，《慈善学人》2017 年 5 月 8 日版。

作者简介

郜秉英，男，汉族，1971 年 10 月生，中共党员，大学本科学历，从事社会组织管理工作十余年。2015 年以来，建立呼和浩特市社会组织创新服务基地，推动呼和浩特市"公益创投"试点示范项目的实施，支持社会组织参与社区服务，回应社区养老、家庭、残疾人三大领域的服务需求，实现了社会组织参与社区服务的建设目标。

吕霄红 毕业于北京航空航天大学，后留学德国不来梅大学。现为内蒙古大学民族学与社会学学院社会工作系资深讲师、呼和浩特市睿联凯舟社会工作发展中心理事长、中国社工教育协会儿童专委会常务理事、内蒙古妇联性别平等专家委员会专家、内蒙古家庭教育服务指导中心专家、内蒙古北辰智库专家、2017 年草原英才团队负责人。2018 年第八批"草原英才"工程"'三社联动'下社区社会工作创新研究人才团队"带头人，呼和浩特市第一批青城"草原英才"社会工作人才。

2

团队建设领航"三社联动"助力，
街道社会工作再出发

齐权平

"三社联动"是以政府购买服务为牵引，以社区为平台，以社会组织为载体，以社会工作者为骨干，以满足居民需求为导向，通过社会组织引入专业资源和社会力量，通过提供专业化、有针对性的服务，在社区实现多元服务供给的一种新型社会治理模式、社会服务供给方式和全新社会动员机制，推进"三社联动"是社会管理体制改革的必然要求。

一 界定：我们和我们团队

呼和浩特市赛罕区大学西路街道办事处成立于1976年，目前划分为10个社区。面积4.8平方公里，人口10万。辖区范围主要覆盖内蒙古大学、内蒙古师范大学、内蒙古农业大学主校区及生活区域，有中学两所、小学三所，有中国农机院呼和浩特分院、水利部牧科所等近10家国家级科研机构，是科教文化型区域。

大学西路街道"三社联动"社会工作创新研究团队是一支由高校专家、社会工作督导师、学者、社工师、职业社会工作者、社工机构管理者及基层行政人员组成的 26 人队伍。团队因"三社联动"而组，汇集了区域内外社会工作人力资源。

笔者是这个团队的主要负责人，同时负责呼和浩特市赛罕区大学西路街道党工委的工作，为方便起见，笔者以"街道"来指代所在党工委。

二 "三社联动"本土化的初步探索

街道的"三社联动"并不是一蹴而就实现的。按照成长轨迹，大体分为三个阶段。

（一）从"盖房子"中发现人才——为"三社联动"开创硬件条件

前进巷社区范围内的小区是典型的老旧小区，以前的办公场所不足一百平方米，更谈不上居民活动中心。时任社区党总支书记以"网格党小组＋党员中心户＋居民代表"的模式动员群众，达成共识，突出"五三四"工作法中党建联席会这个抓手，调动辖区内各种单位资源，将相邻的 6 个企业小区拆墙并院，统一进行节能保温改造，辖区人居环境大为改观。他肯干，能干成事；肯用力，更用心。2013 年破解了多种利益纠葛，协调解决了拆炉并网事宜，实现了土地无偿使用，促成居民供热入网费用减免等。终于于次年 9 月在居民区燃煤锅炉房原址实现了拆除旧锅炉，建设四层社区服务中心的目标，居民活动中心从无到有，从 0 到 1500 平方米。有了新房子，才有了后面的故事。时任社区书记继续奔赴新的一线。

（二）从使用人才中锻炼人才——为"三社联动"储备软实力

2014 年，街道对部分社区书记进行了调整，引进了一批社区工作者。以前进巷社区为例，新任社区党总支书记从众多优秀干部中脱颖而出。同时选派过来一名取得国家中级社工师证书的研究生，一名已有五年工作经验的社会学大学本科生。

在社区新任党总支书记的带领下，社区与内蒙古师范大学学生工作与就业指导处合作引入思赫睿心理咨询室，依托社区法律援助站，在社区矫正人员中率先开展心理咨询服务。起步之初曾尝试运用个案工作方法介入家庭问题的处理。几乎与此同时，各类志愿者服务队伍组建起来：先是党员志愿者，继而有大学生志愿者、居民志愿者，他们从各自不同的角度参与准志愿服务，奉献着爱心。社区草根组织，如居民文体协会、庆格尔泰书香沙龙、文丰书画工作室、春林乒乓球俱乐部、向前老年舞蹈队、智益健身气功队等如雨后春笋般发展起来。居民参与社区建设的热情有了大幅提升，一批社区领袖式居民培养了起来，成为社区光荣榜上的荣誉市民。尤其是呼和浩特青马社会工作发展中心（以下简称青马）的首家正式入驻，成为社区社会工作走向专业化的分水岭。其他社区纷纷效仿，如师大社区引入恒爱社会工作机构开展失独老人关爱项目、群英社区引入睿联凯舟社会工作发展中心开展"儿童生命教育——成长不烦恼"项目等。

在这个阶段，前进巷社区做了两件有意义的事：第一件是与群团组织合作，引入"阿希达蒙元文化社区推广中心"这个机构，借机构之力打造蒙元文化社区，在社区层面萌发了"传播、孵化、拓展"的社会组织培育构想；第二件是开展社区倡导废旧电池回收、废旧药品回收等活动，对专业社会服务机构的需求呼之欲出。以点带面显现出的成果，可以说是人才效应。

（三）从人才效应中引发团队建设构想——为"三社联动"提供智力支持

这个团队，既有街道、部门和社区等多层面的领军人才，又有社会工作一线的业务骨干，更有机构中的专业社会工作者。

骨干的引入，让街道看到了专业社工机构的前景。真正开展专业社工服务的是呼和浩特睿联凯舟社会工作发展中心。经与该机构协商，街道决定以购买社会工作服务的方式，在街道所辖的10 个社区进行资源评估，对接居民需要，在此基础上委托机构完成需求评估项目。两项评估目的在于淡化或模糊街道内社区行政区域边界，整合街道各种资源，按照居民需要的紧迫程度，合理规划出街道未来几年的主要服务项目，争取政府购买资金，实现科学发展。该项目是呼和浩特市街道层面按照社会工作专业要求，采取社会策划模式设计、实施购买服务的首例。

早在街道开展评估项目之前，内蒙古大学教师吕霄红个人已在呼和浩特民族实验小学开展了为期 6 年的陪伴学生成长的生命教育社会工作实践。这个举动感染了我们，更提醒了我们。感动的是她的社工情怀，警醒的是，我们终于找到了与大学合作的切入点。就在这个时候，转机出现了。吕教授的机构人员在与班级学生互动过程中有时会遇到班主任的排斥。蒙汉语语言沟通交流是一个小障碍，关键是老师们对社会工作不甚了解。于是，有了我们在辖区内呼伦南路小学联合赛罕区关心下一代工作委员会挂牌的"'生命教育'——师生、家长、社会工作者培训社区学校"，有了"台湾彩虹爱家生命教育协会"的拓展体验活动和多元艺术教学形式。可以说，我们以自己的独有方式实践了社区 – 学校型学校社会工作。由于外来机构的合作受诸多条件制约，群英社区已与机构联手开展了 6 期本土化实践活动，并完成了效果评估，积累到一些经验。

在对辖区内 26 户失独家庭进行评估后，恒爱社会工作服务机构联合有所社工中心、心悦心理服务中心等三家机构共同开展针对失独家庭的外展服务——"都兰泰"关爱失独老人项目。目标群体先期锁定三所大学所在社区的失独老人。目前已有 3 户居民愿意走入社区，接纳社会工作者。该项目可以被看作本土督导的一个实训项目，全程接受香港督导师的网上督导。

通过上述三个项目的实施与合作，我们逐渐认识到：目前我们周围有能力开展社区服务类社会工作的专业机构少之又少，无法满足社区居民需要；街道层面具备的人、财、物优势有限，必须加以整合，才能形成大的势能。接下来，我们做了三件事。

第一件，孵化更多的社会组织，我们在前进巷社区腾出 200 平方米的空间，为市级社会组织孵化基地提供场所。依托该基地，同步开展入驻基地社会组织党员服务。目前拟以区域化党建的模式开展工作，机构党组织加入前进巷社区联合党委，基地中的 4 个支部全部采用积分制方式管理党员和入党积极分子。

第二件，核心团队建设。即在人才合作上的"三社联动"：用项目留住专业人员；用购买服务提升社区社会工作者能力。一是社工师考前辅导；二是开发个人成长小组；三是社会工作基础知识、基本理论培训；四是萨提亚家庭治疗理论之冰山理论；五是"亲子沟通无障碍"项目；六是菜单式旁听内大、师大社会工作专业课程；七是省外（国外）专题学习；八是与专业社会工作者一道开展相应的社会工作研究。目前团队已有两名成员经内蒙古师范大学学位评定委员会审议，被聘为社会工作硕士专业学位研究生实践指导教师。上半年，街道核心团队入围自治区"草原英才"工程社会工作优秀服务团队专项推选行列。

第三件，倡导社会服务及购买社会工作服务的标准化。街道毕竟是派出的基层组织，可调动的资源有限。从我们的角度理解，市级层面是政策创制的顶层，本土化的"三社联动"机制、制度的出台有赖于市级层面的通盘考虑和设计，只有营造出良好的大环境，才可能有街道小环境的改善。所以我们一边前行，一边倡导并建议，求得政策创新。近期，街道层面购买社会工作服务的标准已被纳入计划范围并着手实施。

三 思考

按照社会工作的专业化阶段，其走向可以粗略地归为三个阶段：初期"地区发展模式＋社会策划模式＋在社区照顾"（care in the community），强调政府推动，教育引导；中期"社会策划模式＋由社区照顾"（care of the community），强调专家推动，引领发展；后期"对社区照顾"（care for the community），强调专业化推动，自治发展。社会工作服务的重心虽不完全与此重叠，但大致应该把握这样一个方向，即以居民需要为中心（居民语境：你能帮我什么？）到以居民权利为中心（居民语境：我能获得什么？）再到以效率与自由为中心（居民语境：该给我提供的就提供吧！）。

"雄关漫道真如铁，而今迈步从头越。"反思所走过的路，我们看到更多的是光明的前景。毕竟，征程启航。反思，为了更好地出发；反思，让我们更加清楚眼下面临的现状。

——行人的相互支持，是推动事业持续下去的精神动力。"三社联动"形式上是一种机制，本质上是一种理念。我们理解的"三社联动"是一项事业，是创新社会治理的本土化实践。能把工作当事业已经相当了得，能把这项事业放在创新社会治理实践高度孜孜以求，那就要靠情怀了。正是靠着浓重的社工情怀，团队在面临困难时，才会形成相互支持的网络。这是团队的法宝，更是团队的骄傲。

——专业化方向是工作持续下去的基本前提。因为我们有三所大学的优势资源，一开始就走上了专业化的路子；因为我们信守社会工作专业价值以及由此衍生而出的专业伦理，所以我们无法再有其他选择。正因如此，我们要对非专业说"不"。正因为专业，我们没有把"四点半课堂"变成作业辅导班，把社工服务变成志愿服务。

——项目化购买是工作持续下去的必由之路。根据清华大学公共管理学院 NGO 研究所的一项调研，我国社会服务机构的年度收入中只有 2.5% 的资金来源于公共部门，远低于世界平均水平。而在一些欧洲国家，这一比例高达 70% 左右。参照国际数据，享受政府购买服务的比例会有很大提升。目前来看，量化即项目化是比较可行的办法。而且，通过购买社会服务培育壮大社会组织是可行的。

——标准化路径是工作持续下去的科学依据。标准是介于政府和社会服务机构之间的天平。购买服务、检验验收服务，都离不开相应的标准。标准就是社会服务机构的承诺，也是检验其践诺的标尺。社会工作对我们而言是全新的，先规划好渠，再放水，渠成水易到。

参考文献

邓国胜：《〈民办非企业单位登记管理暂行条例〉修订草案征求意见稿的七大突破》，《中国社会组织》2016 年第 13 期。

作者简介

齐权平　男，汉族，1971 年出生于呼和浩特市郊区，研究生学历。曾任教于呼和浩特市第十一中学，之后多年在呼和浩特是赛罕区党委办公室工作。2013 年至 2017 年担任呼和浩特市赛罕区大学西路街道办党委书记，现任呼和浩特市赛罕区纪委副书记、监委副主任。

3

"三社联动，春风添翼"

——呼和浩特市社会组织风采展示活动

张世琴　李　莎　纪阿茹罕

一　问题界定

"呼和浩特市社会组织孵化基地运营服务项目""三社联动，春风添翼"社会组织风采展示活动是 2017 年由内蒙古民政厅向社会力量购买服务。经过两年不懈的努力之后，呼和浩特市"三社联动"事业在呼和浩特市社会组织创新服务基地的指导下取得了可喜的成果，各社会组织已经逐渐形成规模，有了各自独有的优势和长处，但是由于宣传力度不够，以及宣传平台的缺乏，这些成果还不为社会各界所熟知。另外，这些社会组织取得的成果还不为社会各界所熟知的主要原因除了宣传力度不够之外，首先，还是由于各社会组织所服务的对象数量有限，不能涉及社会各方面的人员，社会组织的服务不是面向大众的，只对一小部分的人提供服务。其次，社会组织发展的时间太短，社会组织可以连接的社会资源缺乏，所以社会组织提供的服务不够专业和系统化。最后，社会组织的工作人员很多都不是社会工作专业的学生，他们没有受过专业的训练，也缺乏相关的专业知识，由于专业度不够所以很难把工作做到深入人心。

二 背景介绍

"呼和浩特市社会组织孵化基地运营服务项目""三社联动，春风添翼"社会组织风采展示活动是 2017 年开展的服务。呼和浩特市睿联凯舟社会工作发展中心、回民区天爱残疾儿童康复中心、赛罕区及人之老社区养老服务中心、社康老年综合服务中心、呼和浩特市爱心天使公益协会等 20 多家公益组织参加本次活动。

（一）"三社联动"的背景

随着社会管理改革趋向社会化、居民需求多样化，以及社会工作专业服务的快速发展，原有的社区管理模式也就不再适宜。建立新的社会治理格局以及建设和谐社区的呼声强烈。在此背景下，更符合社区建设要求的"三社联动"模式应运而生。"三社联动"是指通过社区建设、社会组织培育和社会工作现代化机制，形成资源共享、优势互补、相互促进的良好局面，较快形成政府与社会之间互联、互动、互补的社会治理新格局。所谓的"三社联动"就是社区、社工和社会组织的联合，有效地形成载体、人才和资本的对接。现在的社会活动仅仅依赖政府或者社区、社会组织和社工一方的力量单打独斗，尚不足以产生持续、稳定的联动效益。

"三社联动"要运用市场方式引入社会性资源，广泛吸收企业、社会组织和社会力量的参与，让在地资源得以投入政府管理评价等诸多联动环节，实现增加社区资源供给、改善社区管理效能、节约有限社区财政资源的效果。通过建立健全社工队伍专业服务市场化运营机制、社会组织发展市场化培育机制、社区建设投入资本化运作机制，实现基于社会参与的社会化运营，形成社会服务的"政府""市场""社会"三元模式。通过重点对一些民众需求旺盛、专业性要求高的服务进行项目化运作，可以趁此培育和扶持一批社会组织，引导和规范社会组织朝着有利于提升社区建设和社区服务水平的方向发展。

（二）社会组织孵化基地背景

"三社联动，春风添翼"社会组织风采展示活动是呼和浩特市社会组织孵化基地的公益种子项目之一。社会组织作为现代社会的"三大支柱"，是社会共治体系不可或缺的一部分。社会组织在社会治理中扮演着特殊角色，同时也发挥着重要的作用。随着社会组织"喷井式"的增长，其角色和作用将更加凸显。党的十八届三中全会提出，要改进社会治理方式，激发社会组织活力。呼和浩特市为培育扶持社会组织，探索社会组织枢纽式服务管理模式，在2016年印发《呼和浩特市民政局社会组织孵化基地管理暂行办法的通知》，对社会组织孵化基地的主要功能、服务形式、入驻条件、运营模式和管理规则提出明确的规定和要求。孵化基地实行"进驻—孵化—评估—出壳"的工作模式，以签订入驻协议的方式为社会组织提供两年的孵化服务并对社会组织提出每年开展不少于六次活动的要求。确保孵化基地的综合使用效益和培育、扶持、孵化社会组织形成良性循环。

2014年为贯彻落实《内蒙古自治区人民政府办公厅关于政府向社会力量购买服务的实施意见》，进一步优化民政职能，改善公共服务，民政厅开始向社会组织购买服务试点工作，到2017年这项工作日趋成熟。2017年12月内蒙古民政厅下发《关于开展2017年向社会力量购买服务工作的通知》，围绕民政重点任务，聚焦社会组织的培育发展，开展2017年向社会力量购买服务工作。"三社联动，春风添翼"社会组织风采展示活动就是其中一项，它为两年以来的孵化成果提供了一个客观形象的平台，传播公益思想。

三 需求分析

经过两年的发展，呼和浩特市"三社联动"事业在呼和浩特市社会组织创新服务基地的指导下取得了可喜的成果，各社会组织已经逐渐形成规模。但是由于宣传力度不够，30家社会组织需要一个机会和平台向公众展示"孵化出壳"的成果。由于各社会组织的服务领域不同，需要活动承办方根据各社会组织的不同需求进行活动设计和安排。另外社会组织参与此类活动的经验不足，需要承办方给予活动相关辅助，例如策划、节目排练等方面。

因此，呼和浩特市回民区天爱残疾儿童康复中心以公开的方式，联系媒体资源，给呼和浩特市30家社会组织提供平台，让各社会组织进行风采展示，通过媒体宣传，传播公益理念，达到宣传公益目的，推动公益事业发展。与此同时，本次活动不但与呼和浩特市"三社联动"事业发展的理念一脉相承，还为社会各界以及内蒙古自治区民政厅、呼和浩特市民政局各级领导单位验收孵化成果提供了一个十分便捷又客观形象的方式。

四 相关背景理论：社会支持理论

作为一种理论范式，社会支持源于"社会病原学"，最早是和个体的生理、心理和社会适应能力联系在一起的。也正是基于此，一些学者的研究将其限制在"社会心理健康领域"。但是就已有研究来看，国内外对社会支持的使用都已超越了原有的解释，将其扩展为一种用于指称为弱势群体提供精神和物质资源，以帮助其摆脱生存和发展困境的社会行为的总和。

我们采用的是社会支持理论，这个理论是基于对弱势群体需要的假设，也就是说在对 30 家社会组织形成科学认知的基础上，判定社会组织需要什么样的资源才能改善和摆脱现存的不利处境。从社会支持视角出发，呼和浩特市回民区天爱残疾儿童康复中心以公开的方式，通过给各社会组织提供宣传平台，让这些社会组织宣传自己的成果，让他们的成果被社会各界人士所熟知。在整个活动的过程中可以让各社会组织更加深层次地认识到自己的优点和长处，为各社会组织的交流和沟通提供平台。

从社会支持理论的分类来看的话，我们可以按照支持主体将社会支持分为四类：由政府和正式组织（非正式组织）主导的正式支持；以社区为主导的准正式支持；由个人网络提供的社会支持；由社会工作专业人士和组织提供的专业技术性支持。这四类支持互有交叉，但在更多层面相互补充，已经初步形成了政府主导、多元并举的社会支持系统框架。"三社联动"是民政局大力推广的城市社区服务新机制，是以政府购买服务为牵引、以社区为平台、以社会组织为载体、以社会工作者为骨干、以满足居民需求为导向，通过公益组织引入专业资源和社会力量，为社区居民提供专业化、有针对性的服务。

五　项目实施

"三社联动，春风添翼"呼和浩特市社会组织风采展示活动是为了给社会组织的成果展示提供一个平台，也为了服务各个社会组织以及各位同工。此活动将根据各社会组织的特长以及从事的领域进行个性化的服务定制，通过连接媒体资源展示出不同的风采以及取得的成果。

在实施过程中，有入驻呼和浩特市孵化基地的 15 家社会组织，赛罕区孵化基地的 15 家社会组织，共 30 家社会组织以及200 家虚拟孵化组织参与本次活动。

（一）合作资源

（1）政府角色功能

"呼和浩特市社会组织孵化基地运营服务项目"是内蒙古民政厅向社会力量购买的服务。本次活动的成功举办与来自政府的支持是密不可分的。在资金与政策方面本次活动得到呼和浩特市民政局很大的支持。在活动当天呼和浩特市民政局副局长杨志民以及书记高秉英亲临现场大力支持本次活动，为活动的顺利开展提供了保障，也为活动的成功举办以及扩大活动的影响力起到了积极作用。呼和浩特市回民区天爱残疾儿童康复中心在主办方睿联凯舟方面的大力支持下承接了本次活动，通过自身与睿联凯舟社会工作发展中心方面的积极沟通和协调得到上级政府部门的极大重视，让这个项目在资金方面得到了政府的极大支持。在资源的连接和沟通方面也得到了极大的便利，为此项目产生更大、更广泛的影响奠定了基础。

（2）市场角色功能

在本次活动开展期间，联系场地、搭建舞台、租赁 LED 背景屏幕、租赁灯光和音响、音响师及租赁桌椅等相关事宜都委托给相关企业，从市场的专业服务中保证活动的品质。

（3）社会组织角色功能以及优缺点

在本次活动开展期间，呼和浩特市多家社会组织参与其中，均起到了不同程度的作用，为本次活动的顺利展开提供了保障。在此项目中我们必须重视来自呼和浩特市睿联凯舟社会工作发展中心的帮助与支持。作为此活动的主办方，睿联凯舟为本次活动提供了多方面的支持。睿联凯舟在本次项目进行过程中不断地提供指导，包括邀请来各方面的专家进行社会组织管理运营方面的指导。还联系内蒙古大学社会工作专业的学生进行项目督导，包括撰写计划书，以及后期的评估报告等，并为本次项目提供了项目资金 5000 元。可以说睿联凯舟社会工作发展中心为本次项目给予了极大的支持并付出了辛苦的努力。

在此次项目中呼和浩特市回民区天爱残疾儿童康复中心作为活动承办方总揽活动的各个方面，对活动进行策划、统筹管理等。但是由于内部沟通不足以及经验的缺乏还有很多需要改善的地方。例如节目的设计、场地布置以及人员的安排等方面稍有欠缺。由于本次活动需要的人力资源较多，单单是依靠天爱残疾儿童康复中心内部人员的力量远远是不够的；所以在睿联凯舟社会工作发展中心和内蒙古大学 20 位热心公益事业的志愿者的协助下，本次活动最后取得了很好的效果。他们也是本次活动不可或缺的资源。本次活动最大的一个亮点就在于天爱利用媒体资源很好地传播公益理念，达到宣传公益事业的目的。光临本次活动的有中国新闻网、搜狐网、新华网等十二家媒体。通过媒体的大力宣传，向社会各界人士宣传社会组织近两年来所取得的成果。媒体资源的连接与应用，对于活动的宣传和扩大活动的影响力有着重要的意义。

（二）项目流程

（1）第一阶段：前期准备

在该阶段，呼和浩特市回民区天爱残疾儿童康复中心以及呼和浩特市爱心天使公益协会，与参与成果展示的活动单位进行相关沟通，发现各社会组织的优势及展示项目。在项目开始的前一段时间，内蒙古大学 2015 级社会工作专业的学生与项目负责人见面，互相了解，建立联系，从而进入该项目，作为项目团队的一分子，也是一种特殊的存在。

内蒙古大学学生与项目的主要负责人进行交流，了解项目的内容、开展该项目的目的以及机构的理念等，从而进一步从专业的角度来界定项目缘由、内容；进行服务需求分析、受益人群分析，组成实施团队以及预测服务效果，帮助负责人进一步完善项目书。为接下来活动的开展以及活动开展后的评估做铺垫，也使得项目书的撰写更具有专业性。然后招募志愿者，进行志愿者培训。

（2）第二阶段：实施阶段

确定各社会组织的展示项目，派出志愿者为各社会组织进行辅助性服务。

①联系场地，落实场地，协调场地费用；

②搭建舞台、租赁 LED 背景屏幕、设计背景、租赁灯光和音响设备、联系音效师、租赁桌椅等；

③联系媒体、赞助商，落实赞助礼品；

④制作颁发证书，联系相关单位加盖公章；

⑤确定参加活动的上级单位及领导名单，对接各领导。

（3）第三阶段：执行阶段

呼和浩特市社会组织组织孵化基地运营服务项目"三社联动，春风添翼"社会组织风采展示活动于 2018 年 4 月 21 日上午 10：00～12：00 在红星美凯龙新城商场一楼南门 C 厅举办。本次活动是由呼和浩特市睿联凯舟社会工作发展中心主办，呼和浩特市爱心天使亲子公益协会、呼和浩特市回民区天爱残疾儿童康复中心承办。出席本次活动的嘉宾有呼和浩特市民政局副局长杨志民、呼和浩特市民政局高秉英书记，参与的有 25 家机构 200 余人。

2018 年 4 月 20 日，呼和浩特市回民区天爱残疾儿童康复中心组织参与的机构提前到现场进行彩排，确定出场顺序以及表演项目并且布置现场。活动当天，首先工作人员进行布场，核查细节安排，催场安排各单位就位，进行集合签到。接着活动正式开始，由呼和浩特市爱心天使亲子公益协会爱心单位雅戈合唱团歌唱《龙的传人》进行开场。接着，主持人宣布活动开始并邀请各位领导上台致辞，并邀请全体参与机构负责人上台共同启动大屏幕。之后是才艺表演环节，由各个参与的机构进行表演。表演结束之后领导致闭幕词，宣布本次活动圆满完成。其中涉及的人员有：主持人 2 位；总控 2 位：爱心天使孔娜老师与天爱残疾儿童康复中心郝老师；签到台 3 人：他们主要负责活动前的资料核对及签到记录，活动过程中负责看管资料物品等；引位 5 人：活动开始之前，指引方向等，维持正常秩序，及时处理活动过程中出现的突发情况并将相关人员带离现场，对闲杂人员进行清理，保证活动正常进行。活动结束后，负责人员疏散。催场 2 人：活动前负责联络。各机构负责人核对表演节目和大概时段，活动过程中在合适时间及时通知表演单位候场，防止舞台出现空场。拍摄人员 2 人；机动人员 3 人：进行物资安排、桌椅摆放等。

六　总结和评估

（一）服务效果简述

通过本次的风采展示活动圆满完成了 30 家社会组织的成果展示。这 30 家社会组织通过自己的方式向社会各界人士展示了两年多来取得的孵化成果。展示的方式包括具有自己特色的歌舞表演、宣传片、海报等。同时各社会组织的特色项目以及主要服务领域都得到呈现，让社会各界得以了解。在此次的活动中，30家社会组织的负责人近 200 人参与了本次的风采展示活动，他们在活动现场进行交流，实现了信息的初步传递，彼此建立了联系，为接下来的活动搭建了平台，为资源共享打下坚实的基础。本次的风采展示活动成功地为各社会组织之间的资源共享、相互交流提供了一个有利的平台，实现了呼和浩特市各社会组织彼此交流、资源共享、互惠互利。

通过本次的风采展示活动，进一步推动了呼和浩特市"三社联动"事业及公益事业的发展。"呼和浩特市社会组织孵化基地运营服务项目"是呼和浩特市民政厅向社会力量购买的服务，所以呼和浩特市民政厅领导光临本次活动，并进行了讲话。在活动中各社会组织、政府与社会组织之间彼此都有了初步的联系，在现场民政局领导与机构主要负责人进行沟通，也促进了项目的进行。孵化成果得到客观的展示，更加被社会各界人士所熟知，深入普通居民当中。同时通过媒体的大力宣传报道，孵化基地和社会组织的发展也向前迈进。也就是说通过本次的风采展示活动，"三社联动"事业和公益事业都有一定程度的进步。传播公益事业、发展公益事业、提升公益事业的目的初步达成。

本次活动通过风采展示（海报、节目表演、幻灯片展示）的方式成功地为呼和浩特市社会组织孵化基地的实体孵化的30多家社会组织、虚拟孵化的近200家社会组织的成果验收奉献了一分力量。让社会各界人士看到了孵化基地公益种子项目的社会组织人才培养成果，以及社区居家养老、公益项目提升、公益人才培养等多个服务领域的成果，让参与其中的居民客观、清晰、便捷地看到孵化基地的孵化成果以及社会服务的发展。

（二）服务方式简评

在本次活动开展的过程中，我们做到了理论与实践相结合，不拘泥于理论的条框，在服务领域中针对呼和浩特市社会组织目前所面临的问题进行有效的解决，利用社会支持理论，在对呼和浩特市近30家社会组织形成科学的理论认知的基础上，判定社会组织需要什么样的资源才能摆脱目前的不利环境。我们通过进行风采展示的活动，让社会各界熟知这些社会组织取得的成果。

也通过连接媒体资源对本次的活动进行大力的宣传，达到传播公益、提升公益事业的目的。

通过风采展示活动给各社会组织提供一个有利的平台，让他们能够相互沟通，做到让各社会组织之间进行资源共享、互惠互利。本次活动中，在运用社会支持理论、连接媒体资源、传播公益方面取得的成果较为显著。

（三） 对各社会组织及学生个人产生的影响

在本次的风采展示活动中，为呼和浩特市各社会组织提供了平台，以便向社会展示他们所取得的成果，让他们彼此建立联系，为接下来的活动搭建了平台，为资源共享打下了坚实的基础。本次的活动成功地实现了呼和浩特市各社会组织之间的相互交流、资源共享、互惠互利的目标。特别是社会工作的学生第一次进入真实的项目中并全程参与，更特别的是我们以督导的身份参与本次活动的。这让我们既兴奋又忐忑。我们参与到本次活动当中，对于我们的人际沟通能力以及专业能力，特别是文书撰写能力的提升有很大的帮助。其中包括项目书的修改以及后期的评估报告、督导报告以及案例分析报告的撰写。在本次项目中最大的一个收获是，要积极主动地去与他人沟通，不可以等着别人去主动联系我们，这样才不会失去机会。

（四） 项目亮点

"三社联动，春风添翼"社会组织风采展示活动是由呼和浩特市睿联凯舟社会工作发展中心发起，由呼和浩特市爱心公益协会与呼和浩特市回民区天爱残疾儿童康复中心承办的。在本次活动中有呼和浩特市民政厅、呼和浩特市15家社会组织与赛罕区15家社会组织近200人共同参与。本次活动通过对30家社会组织的需求进行分析，通过社会组织风采展示活动，提供社会组织与公众互动的平台，提升呼和浩特市社会组织及公益服务的知晓度。此次活动将根据各社会组织的特长以及从事的领域进行个性化的服务定制，通过连接各类媒体资源展示其不同的风采以及取得的成果，力求在整个活动过程中让各社会组织更深层次地认识到自己的优点和长处，为各社会组织的沟通、交流提供平台。

在项目开展的理论依据上，社会服务机构及其工作人员从社会支持理论方面展开分析。通过社会支持理论，基于对弱势群体需要的假设，也就是说在对 30 家社会组织形成科学认知的基础上，判定社会组织需要什么样的资源才能摆脱现存的不利处境。在此次项目中我们的服务对象是呼和浩特市孵化基地以及赛罕区孵化基地实体孵化的 30 家社会组织以及虚拟孵化基地近 200 家社会组织。各个社会组织在孵化基地的耐心指导与帮助下都取得了一定的成果，也形成了一定的规模，有了特色的项目和相应的定位。但是由于宣传力度不够，这些成果还不为各界所熟知。在这样的情况下，呼和浩特市回民区天爱残疾儿童康复中心积极响应政府的号召，为各社会组织提供宣传平台，并且准备以公开的方式以及媒体的力量为各社会组织风采展示服务。

在这个项目中一个极大的亮点在于媒体资源的连接和应用。以公开的方式提供宣传平台，联系媒体，传播公益理念，达到宣传公益的目的，提升呼和浩特市社会组织以及公益服务的知晓度。天爱在活动策划过程中十分重视连接媒体的资源，并且成功邀请到了多家媒体光临活动现场。共有 12 家媒体对此活动进行了重点报道，其中有电视台 1 家、纸媒 1 家，以及新闻媒体网站 10 家，点击率与影响范围超出预期。其中新华网、中国社会组织网、搜狐网、新浪微博、北方经济网、今日头条、天天快讯、网易、一点资讯等大型网站对本次活动进行了报道，产生了极大的反响，影响极为乐观。

在本次项目中，呼和浩特市回民区天爱残疾儿童康复中心在媒体资源的连接和整合方面是非常值得学习的，这是一次非常成功的实践。在该项目的实施过程中，首先，各社会组织通过自己的方式，让孵化基地的成果得到了客观的展示，圆满完成了30家社会组织的成果展示。其次，在此次活动中各社会组织的负责人在活动现场进行交流，建立了初步的联系，为接下来的互动与资源共享打下了坚实的基础，各社会组织之间、政府与社会组织之间都有了初步的联系，并且通过媒体的大力宣传，为实现呼和浩特市社会组织彼此之间的资源共享搭建了平台，进一步推动了呼和浩特市"三社联动"事业以及公益事业的发展。

本项目符合社会支持理论的基本要求。该理论指为弱势群体提供精神和物质资源，以帮助其摆脱生存和发展困境的社会行为的总和。通过组织风采展示活动，给各社会组织提供一个展示自己成果的机会，为他们提供宣传的平台，并通过连接媒体资源，加大宣传力度，传播公益事业。当然，本项目的实施方案也存在一定的不足。比如，在风采展示活动实施的过程中，各社会组织的介绍形式太过于单一，而且内容并不完整，特色不明确。另外现场的环境过于嘈杂，在表演节目的过程中，一个节目在台上进行表演的同时，另一个节目在上台之前在台下进行彩排，因为音乐的声音过大，影响到了正在表演的节目，导致呈现出来的效果并不完美。希望以后可以避免这样的情况再次发生。另外现场秩序和人员安排出现问题。在进场的时候并没有人安排座位，也没有节目单，导致在整个活动过程中，节目表演得并不流畅，多次出现卡顿的现象，希望可以在这个方面进行改进。还有就是社工学生与机构方面的联系也出现了问题。在活动开展的过程中，我们与机构的项目负责人沟通得极少，所以在后续的工作进展中出现了较大的漏洞与困难。我们不够积极主动导致我们很被动。这是我们需要检讨并且积极改进的地方。另外，对自己的角色定位不够清晰明确。对于督导的作用和责任也不够了解，并没有真正进入情景当中。希望以后可以从这一次的不足中吸取教训，收获成长。

作者简介

张世琴　内蒙古大学 2015 级社会工作专业学生。

李莎　　内蒙古大学 2015 级社会工作专业学生。

纪阿茹罕　内蒙古大学 2015 级社会工作专业学生。

政治经济学视角下的民族地区社区发展

4

混合与多元的辩证：以呼和浩特市的"三社联动"政策为例探索少数民族地区治理平台的可能性[*]

余炘伦

1980 年代以降，在"新自由主义""第三条路"等概念的推波助澜下，古典福利国家由公部门（国家）提供福利服务的模式逐渐发生转变：政府委托第三部门（社会组织、志愿服务团体）经营、由私部门（企业）补充物资及资金，甚至由公、私、第三部门共同合作等服务模式的创新，建立了更多元的社会服务管道，不仅缓解了日益庞大的社会福利支出带来的赤字压力，也将民间（市场及第三部门）机构弹性、有效率与多元化的特性引入福利输送系统，提升公共服务的水平。此趋势被称为"福利混合经济"（the mixed economy of welfare）（林万亿，2012；Gilbert & Terrell，2012），其结果是在 1990 年代中期造就了一个繁荣的市民社会，让私有机构或企业得以扮演积极而重要的角色，促成政

* 本文为 2016 年度教育部人文社会科学重点研究基地重大项目资助课题"回顾 70 年：内蒙古自治区　经济与挑战"研究成果之一，该项目批准号为 16JD850007，仅此致谢。

府与民间机构的合作关系（Krauthammer，转引自 Gilbert & Terrell，2012：197）。

在此背景下，检视社会服务输送系统的转变及公、私、第三部门之间的合作关系便成为当前福利国家研究的重要议题之一。英国学界自 2000 年起便试图理解新公共管理主义（New Public Managerialism）和契约主义（contractualism）对地方政府建构社会服务的输送系统的影响；而美国学界则同时间开始讨论不同输送部门之间的协调及整合问题；至于澳大利亚，学界及政府亦开始建立"服务整合"、"伙伴关系"和"地方管理"三者的联结，以提升社会福利输送系统的服务效率（McDonald，2004）。

然而，当今学界对此类议题的相关研究往往着重福利输送系统的私有化和商业化问题，其内容也多从政府的角度出发，强调企业及第三部门的服务效率对公部门科层管理体制的刺激，甚少触及"福利混合经济"与当前市民社会发展的关系，亦未提及此概念与少数民族地区经济发展的关联，更遑论谈及此趋势对当前少数民族地区建立党建引领、创新"社会治理"的重要性。因此，本章拟由理论的视角探讨"福利混合经济"对少数民族地区发展的重要性，并进一步借由当前学界关于"政府—市场—第三部门"的合作模式分析少数民族地区"社会治理"创新的可能样态。

一　混合福利经济下的政府契约方案委托形态

依 Knapp（1989）的定义，"福利混合经济"（the mixed economy of welfare）系指由政府部门、志愿部门、商业部门，以及非正式部门同时扮演福利提供者的角色，以缓解各级政府在供给面、财务面与规制面所遭遇到的困境。其中，委托外包（outsourcing service）则是福利混合经济主要的执行策略，系指政府相关部门（特别是社会福利部门）通过签订契约（contract）、补助（subsidy）①、公设民营（privatization）② 或抵用券（voucher）③ 等方式，与社会组织、志愿服务组织、非营利组织（non-profit organization, NPO）④，或其他国营机构建立约定关系，向其购买特定服务，以提供给特定目标群体（Hart, 1988）。此类服务输送模式被称为"购买服务"（purchase of service）或"契约式购买服务"（purchase of contracting），其目的在于结合民间资源办理社会福利服务，落实社会福利政策。

由 Knapp 的定义中可知，福利服务的委外经营及购买乃是福利混合经济主要的运作模式。据此，Sharp（1997，转引自陈怡如，2007：114）进一步将服务委托外包的意涵解释为："将组织部分或全部非核心的功能业务，交由外部具有专业能力的组织提供"，而王仁宏（2001，转引自孙本初、傅岳邦，2010：3；陈怡如，2007：114）亦将政府部门的"福利服务的委外经营"定义为："将原本由国家或其他公法人团体所经营的事业服务，不由国家或公法人团体直接处理，而基于达成特定行政目的之要求，由主管行政机关在保留必要范围的监督控制权限下，透过单方授

---

① 补助是指政府透过免税、无息或低利贷款，或是资金补助的方式鼓励民间机构在市场提供价格较低廉的福利服务给予民众使用。其运作形态仍以市场竞争为主要原则（陈怡如，2007）。

② 公设民营是指政府开设服务相关机构，提供场地、硬体设备给予民间机构无偿使用。此类运作形式的硬体设备的所有权归政府，经营管理权由民间机构负责，以发挥两者的长处（陈怡如，2007）。

③ 不同于"补助"及"公设民营"着重政府与民间机构的合作关系，抵用券的运作形态强调政府与福利使用者的直接关系，系指政府发放福利相关商品抵用券给予符合特定资格的民众，让民众可以在市场中自由选择服务供应者，政府对于抵用券被合法运用后回收并补贴同等的金额给予服务或商品的供应者（陈怡如，2007）。

④ 亦有人将相关组织称为"非政府组织"（non-governmental organization）或"第三部门"（the third section）。笔者于本文采用"非营利组织"的定义，乃援引自顾忠华（1999：143）的说法，认为"非营利组织"这个词较能明确地区别出此类组织不属于国家，也不依赖市场而运作的特性。

权或契约形式，委托予民间企业代为处理。"由以上定义可知，福利服务的委外服务是将政府部门由福利的供应者转变为购买者与监督者，实际的服务输送则由经由契约关系委托给民间机构执行。

基于这样的契约委托形态，政府与民间机构的合作关系便成了福利服务输送过程中的关键因素。为厘清相关问题，Kettner 与 Martin（1990）提出了"市场竞争"（competition mode）与"伙伴关系"（partnership mode）两种运作契约关系模式，前者系指透过服务供应者之间的市场竞争来降低服务输送过程的成本，以提高福利服务的水准。因此，市场竞争模式强调由政府开发出一套准则去测量服务效率及内容，再依据不同供应者的方案设计与成本效益进行契约评估，选出最合适的供应者，其目的在于聚齐不同供应者的资源，使公共福利能以最低的成本达到最高的效益；相对而言，伙伴关系模式则指政府透过强化与外包签约机构的合作关系来维持整体服务的稳定性，使社会福利的产出效益极大化，因此，在伙伴关系下，政府可直接选择与某一家民间业者或社会组织合作，不必受限于市场竞争压力。双方依据彼此行政、服务发展的需要，维持协商的弹性，随时调整服务输送管道及内容，不必依赖市场竞争来提供其他额外的福利项目。

依 Kettner 与 Martin（1990）的分析，"伙伴关系"模式又可分为"协商"（negotiation）与"合作"（cooperation）两种形态：协商模式强调达成共识的决策过程，政府在选出福利服务的供应者之后就服务活动的内容、行政监督的程序，与政府每单位的支出成本与供应者进行协商，让供应者自行设计数套服务内容，政府再针对适合的计划进行议价；而合作模式则强调政府与供应商间的平等关系，服务的供应者为计划主要的行动者，提供需求评估、服务内容、福利输送管道规划等项目，而政府则扮演监督的角色，为供应者提供资源、解决困难，以及改善服务绩效，此模式适用于政府对服务专业知识较不足、无法掌握变迁迅速的社会领域的情境，因此较重视服务内容及成果，较不重视政府与供应者之间的行政程序。"市场竞争"与"伙伴关系"相关内涵之区别可参见表1。

表1　契约式福利服务关系模式的比较

模式 区别	市场竞争	伙伴关系	
		协商模式	合作模式
委办方式	政府委托民间机构	政府委托民间机构	方案或个案委托
与市场的关系	由市场竞争决定	不完全由市场竞争决定	
政府负担经费	无、很少	大部分	
书面契约形式	规定具体项目	重点性规范	原则与重点期许
契约内容	正式、具体明确	弹性契约	
委托考量重点	委托民间机构财务健全、具有竞争力	委托民间机构财务健全、有委办经验、协商配合度高	有相关经验、具专业水准、有提供服务的专业人力

资料来源：陈怡如（2007），笔者修改整理。

然而，无论市场竞争模式或伙伴关系模式，都有其关注的重点与局限，因此，在实际过程中无法仅采纳单一模式而排除其他的可能。政府部门和民间机构均应根据实际的社会条件及各自拥有的资源进行评估，调整出最适当的运作模式，以提升整体公共福利服务的水准。

二　凯恩斯式的福利资本主义与少数民族地区的经济发展

除了提升整体公共服务的水准外，从当前西方福利国家的经验中可得知，政府与民间机构之间良好而有效率的合作关系亦有助于凸显"福利混合经济"中的"经济面向"，有提升福利服务地区的整体经济活力的意义。

"福利混合经济"的传输过程中有很大一部分属于消费行为，政府必须透过资金的投入与服务的委外经营购买相关福利服务，其过程将导致资源与资金的再分配，并改变社会成员的有效需求状况，促使其针对相关需求产生消费行为。因此，"政府—企业—第三部门"透过福利的混合经济建立合作形态，不但能彼此取长补短，更有效率地提供公共福利服务，还能改变一般福利使用者对未来生活的风险感，从而提高人们的消费意愿，促进经济发展。因此，从宏观的角度而言，福利服务的改革将扩大社会整体的福利供给，并有效地促进地区就业、工资及整体经济需求的提升，达到经济成长的效果。此概念被称为"凯恩斯式福利国家"（the Keynesian welfare state）或"福利资本主义"（welfare capitalism），亦即透过社会福利输送制度的改变，创造更大效益的福利资源"投入"与"产出"，并透过"政府—企业—第三部门"的资源合作与交换，扩大经济需求，提升经济成长的速度（Esping-Andersen，1999）。

此概念对当前中国少数民族地区的经济发展及民族政策的形塑更为重要。如韦福斌（2013：47）所言，民族政策的功能不仅在于保障少数民族与其他民族同等的法律地位及权益，也必须"对社会资源进行权威性的整合与分配，协调各民族关系，为少数民族的社会发展提供各种有利条件"。以"福利服务委外经营"为主的福利混合经济正是一种"对社会资源进行权威性的整合与分配"：政府透过与民间机构的合作向少数民族地区递送社会福利资源，不但可以减少政府科层制在福利传输过程中带来的资源耗损与不便，保障少数民族所需要的社会福利服务品质，也同时能够刺激该地区的市场活力，扩大少数民族地区的市场需求。尤有甚者，透过政府与在地民间社会组织、企业的合作，亦能协助区域内市场经验与社会服务提供技术的积累，增加少数民族地区面对现代化过程中所需要的本土化知识。

总体而言，当前国内的少数民族地区普遍属于现代化进程中的"后发地区"，整体经济发展及资本化的知识、技术，以及人力素质不及早期开发的沿海及南方地区（韦福斌，2013）。无论是20世纪50到80年代的"三线建设"运动，还是改革开放之后的"西部大开发""兴边富民"战略，少数民族政策及经济开发所侧重的重点往往限于开发自然资源以及缩小"边疆－沿海"地区间的经济发展差距等议题；但此类单纯而传统的经济发展模式反而扩大当地的贫富差距，并未使少数民族地区获得整体的社会发展。

相反地，"混合福利经济"则试图反向而行，由社会福利的总体发展来扩大市场对福利服务的需求，刺激少数民族地区的市场活力，以期进一步带动整体经济的发展。职是之故，透过社会福利政策的财富重分配，不但能够缩小"边疆－沿海"地区经济发展不平衡的落差，让少数民族地区的弱势群体能够获得经济、社会利益的基本保障（关信平，2009），亦能提高相关地区从事社会福利工作的技术及人力素质水平，并进一步透过人力资源的开发促成相关产业的发展，带动边疆地区的经济成长。

三 少数民族地区的社会治理创新模式想象： 混合福利经济与多元文化主义

上述由社会福利发展带动整体经济发展的思维，正是党的十九大所提出的"社区治理体系建设"的发展理路，通过社区治理中心向基层下移，在党建的治理平台上发挥企业及社会组织的作用，以实现政府治理和社会调节、居民自治良性互动的效果。

而这也正是西方学者谈及社会治理时所追求的"市民社会"理想。一般而言，市民社会是国家和社会之间的一个中介领域，由社会成员自愿结合的组织所构成，这些组织在保有其自主性的同时也与国家维持合作的关系，以保护或增进此类民间团体的利益或价值（怀特，2000）。由此可知，市民社会强调的是政府与民间的伙伴关系，"鼓励社区参与公共事务，以及分权化，让公共事务不再只是政府的事……不……把社会福利压缩在社会救助的范畴里……而是将社会福利的投资与就业促进、族群融合、性别平权、区域正义、社会团结等（价值）扣紧，将个人责任、家庭自助、社会互助、国家照顾相结合"（林万亿，2012：37）。

在此概念下，所谓"市民社会"的概念又可区分为两种思考方式，"欧陆色彩的市民社会"强调"家庭－市民社会－国家"三者之间的有机联结关系，试图阐明在私领域与公部门之间的"公共领域"如何提供公众充分沟通（communication）与理性辩论（rational debates）的机会，以形塑社会集体共识；而"自由主义理论的市民社会"则以公民权与公民资格为讨论核心，着眼于维护个人基本的政治、社会、经济权（茌富源，2006；杨意菁，2010；顾忠华，2007）。然而，无论采取何种思路阐述市民社会的内涵，其基本精神均在于从"人类多样性"（human diversity）的角度出发，让不同文化特质、经济能力，以及性别认同的群体能够透过公共领域/公民权的中介建立起彼此沟通的平台，并进一步形成共识，将相关价值传达于政府/公部门的政策制定过程，促成社会整体相互容忍、和谐共处的"多元文化主义"（multiculturalism）。

在此思维下，社会组织便在"市民社会"及"多元文化主义"的形成过程中扮演着至关重要的角色。概略而论，社会组织指涉那些"具有公共服务领域，积极促进社会福祉，而不以营利为目的的公益（法人）组织"（茌富源，2006：41）。因此类组织不属于国家，亦不仰赖市场机制而运作，因此往往能够跳脱政治与经济利益的牵绊，成为不同文化价值的群体得以彼此沟通讨论的平台。同时，透过政策游说与意见传达，社会组织亦能成为民间与政府公部门间的中介力量，将社会共识传达于政府，促使其制定相关政策，落实社会价值与共识。

在此角色定位下，如表 2 所示，政府与社会组织之间的互动形态一般可分为抗争团体型、决策咨商型、创造利益型、功能互补型，以及市民社会（全民政府）型五类（游育祺，1994，转引自郑月琴，2006）。此类分法表述了一项事实：市民社会的发展历程及其形态乃取决于政府与社会组织之间的关系，因此，无论一个国家的政治体制为何，透过强化政府与在地社会组织之间的关系，将有助于落实社会主义制度下的民主发展，实践人民主权的理想。

表 2　政府与非营利组织的互动形态发展过程

	政府与 NPO 互动形态	政府角色	民间角色	特色
政府治理、民间配合阶段	抗争团体型	直线命令、控制型	环保抗争团体为主	争取自身权益
协力伙伴阶段	决策咨商型	督导型政府	民间智库为主	反映人民意见
	创造利益型	开放型政府	企业为主	借重私部门经验
	功能互补型	企业型政府	第三部门为主	小而强的政府单位、丰沛而自治的民间团体
理想阶段	市民社会（全民政府）型			建立地方自治与真正主权在民的进步社会

资料来源：郑月琴，2006，笔者修改整理。

而上述"政府 - 社会"组织之间的关系演变，也正是"混合福利经济"运作的基础，政府透过福利服务的委外经营，将社会福利业务委托于不涉政治、市场利益的社会组织执行，不但有助于两者间建立起沟通的管道，让政府与民间不再处于敌对的关系，亦能够透过彼此的合作，取长补短，建立起"小而强的政府单位，以及丰沛而自治的民间团体"（游育祺，1994：104；转引自郑月琴，2006：41），并进一步往市民社会的理想阶段迈进。

因此，以社会福利服务委外经营为主的"混合福利经济"制度不但有助于落实"多元文化主义"于民族政策中，让少数民族群体可以以社会组织为平台，参与社会运作，为社会注入更多元的观点与价值，更重要的是，借由在地社区/社会组织，少数民族地区的"市民社会"想象方得以开展，让政府与少数民族的关系更加紧密，进一步彼此信任合作，创造和谐社会。

四 呼和浩特市"三社联动"政策成为
基层治理的创新平台

"三社联动"或"三社一体化"是中国共产党第十八届中央委员会第三次全体会议所提出来的基层社区治理创新模式。其后，民政部、财政部于2013年11月随之发布《关于加快推进社区社会工作服务的意见》，要求各地依照"政府扶持、社会承接、专业支撑、项目运作"的思路着手建立社区、社会组织和社会工作人才联动的服务机制。在此意见指导下，中国各地的地方政府便试图结合地方自身的实际状况，开展各具特色的实践探索实验。

因此，所谓"三社联动"具体指涉的内涵便是，扩大既有的党建平台，让社区、社会组织和社会工作专业人才三者得以在此平台上进行联合互助的工作模式，以形成有效的治理平台载体、人才和资源/资本的对接。

如若进一步以上述"混合福利经济"的视角来理解，"三社联动"相关的政策则成为一项创新的社会治理尝试，透过政府既有的党建平台的中介，引入"市场""社会组织"的社会资源，并将相关资源通过社会工作者的需求评估、管理评价，以及资源投放/供给等专业操作技巧/知识来整合政府、企业，以及社会组织等诸多的联动环节，以增加社区资源供给、改善社区服务品质，以及社会资源利用最大化的效果。

要达成上述这些目标与理想，一如《关于加快推进社区社会工作服务的意见》所指出的，必须通过建立健全社会工作服务市场化运营机制、发展社会组织培育机制，以及完善社区建设资本化运作机制等配套措施，才能真正形成"政府""市场""社会组织"三元健康互动的平台。

然而，反观少数民族地区，一如上文所言，不仅其整体经济水平、资本化市场运作模式，以及社会组织的数量/活力均远不及一、二线城市及沿海、南方地区，甚至在社会工作专业人才的培育上也未能形成市场化的服务提供体系。因此，要落实"三社联动"相关政策，除了扩大既有的党建平台，使其具有更强大的企业/社会组织联结能力之外，更重要的是，要透过一系列的配套政策：（1）培育具备相关专业工作能力/知识的支持性社会工作组织，以提供专业的家庭、残疾人、养老等社会服务；（2）加大社会福利资金的投入与服务委外经营的购买，通过政府在社会服务上的消费行为，刺激少数民族地区市场的活力，以提高在地企业的技术水平及市场化运营能力；（3）建立专业的社会工作服务/发展中心，让大学所培育出来的专业社会工作人才能够拥有实践的平台，为在地所用，而不会外流至其他省份。

以内蒙古自治区呼和浩特市为例，为落实上述配套政策，呼和浩特市政府民政局与呼和浩特市睿联凯舟社会工作发展中心合作发展做出了呼和浩特市"三社联动"架构（见图1）。该架构引入了"公益创投"（venture philanthropy）的经营模式，由呼和浩特市民政局牵头街道党工委、办公室和睿联凯舟社会工作发展中心，成立"社区基金会"，以鼓励在地社会组织及企业来投标、经营社区所需要的服务项目。此外，睿联凯舟社会工作发展中心也同时引介内蒙古大学社会工作学系的本科生、研究生进入各服务项目中，使其得以运用课堂所学的社会工作知识来对经营各项目的社会组织进行专业的第三方评估。

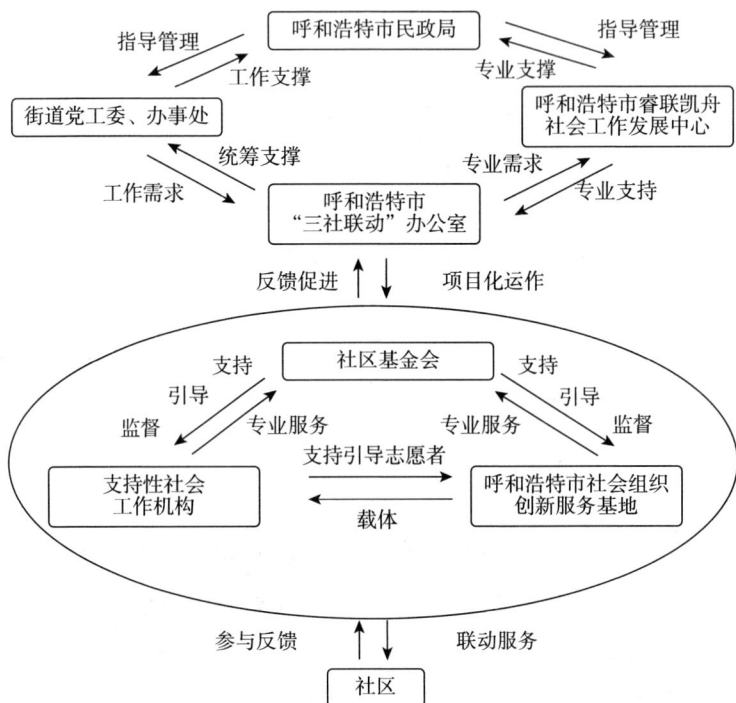

图1 呼和浩特市"三社联动"架构

资料来源：由呼和浩特市睿联凯舟社会工作发展中心提供。

总而言之，透过上述架构的实践，不仅满足了社区治理所需要的各项养老、助残、青少年服务，以及救助帮困等需求，透过政府及"社区基金会"的委外购买模式，在地的企业及社会组织也得以透过此基金项目的"孵化"而成熟，提供更专业、更具市场经营水平的服务内容。甚而，透过联结在地大学所培育的社会工作人才，也让整体社会服务项目的运营在"市场化"的进程中不至于全然倒向"全市场"经营模式，而是在发挥市场交换优势的同时，亦能维持"社会价值"的理想实践。

因此，透过上述呼和浩特市民政局与睿联凯舟社会工作发展中心共同发展出来的呼和浩特市"三社联动"架构，我们不仅得以将"三社联动"的相关政策依少数民族社会的现实状态加以落地，更重要的是，其相关规划让我们得以想象一个崭新的少数民族地区社区治理平台如何透过"混合福利经济"的运作而成为可能，而这正是近年来中央/地方政府在社区治理模式上的创新之处。

五　结语

"混合福利经济"的概念自 20 世纪 80 年代兴起以来，即不断透过各种理论的阐述想象"政府－社会组织－企业"三者间可能的合作关系形态，试图为政府在输送社会福利服务的过程中提供更多选择的可能。然而，在强调建立三者间常态性的合作方式时，却甚少有学者阐论此概念运用于少数民族地区的重要性，更遑论谈及如何运用此概念来理解政府（通常由主流族群所掌控）与少数民族群体之间的治理关系及相关地区社会治理模式可能的存在样态。

因此，除了介绍"混合福利经济"的基本概念，以及与"政府契约方案委托经营"的关系外，本文亦试图从经济面及社会面来考察此类趋势对少数民族地区的社会发展的重要性。笔者认为，建立"政府－社会组织－企业"的合作机制，不仅能够提供少数民族适当的政治、法律地位保障，落实族群平等的多元文化理念，也同时得以刺激少数民族地区的经济生产力，让经济基础相对薄弱的少数民族增加社会福利的需求总量，并进一步提升社会服务业的水平。同时，借由非营利组织的力量，除了让政府能够更完善地提供符合少数民族需要的社会服务之外，也能够使其摆脱"社会救助"式的福利提供，鼓励少数民族主动参与社会，为社会的运作注入更多元的观点与价值，真正落实"文化多元主义"的概念于民族政策当中。

职是之故，一如内蒙古自治区呼和浩特市与在地社区组织、社会工作发展中心所开展出来的"社区基金会""公益创投"模式，笔者期待未来中国各地的少数民族地区能够通过"三社联动"相关政策，开创更适合民族地区的社区治理模式，让政府与企业、社会组织能够建立起更加互信合作的伙伴关系，达至理想中的"市民社会"。

参考文獻

韦福斌，2013，《我国少数民族地区社会发展与民族政策的优化创新研究》，硕士学位论文，北京：中央民族大学。

林万亿，2012，《社会福利》，台北：五南图书出版股份有限公司。

马国华，2006，《当代中国民族问题治理模式——政治人类学的视角》，博士学位论文，北京：中央民族大学。

关信平，2009，《社会政策概论》，北京：高等教育出版社。

孙本初、傅岳邦，2010，《契约型政府的概念与实务：资讯与福利服务议题中的政府角色》，《文官制度季刊》第二期。

怀特，2000，《公民社会、民主化和发展：廓清分析的范围》，载何增科（主编）《公民社会与第三部门》，北京：社会科学文献出版社。

李宁，2011，《中国民族地区经济扶持政策与经济增长研究》，博士学位论文，长春：吉林大学。

杨意菁，2010，《企业公民与媒体报道：一个公民社会的观点》，《中华传播学刊》第 17 期。

林万亿，2012，《社会福利》，台北：五南图书出版股份有限公司。

陈怡如，2007，《社会服务民营化"方案委托"之初探——以嘉义家扶中心执行监护权访视为例》，《社会政策研究学报》第 7 期。

贺凯琳，2010，《新中国民族关系与民族政策的互动研究》，昆明：云南大学出版社。

郑月琴，2006，《非营利组织推动青少年休闲营队之研究——以飞颺青少年成长中心为例》，台北：政治大学行政管理硕士课程。

莊富源，2006，《转变中的台湾公民社会与公民教育——有关学校公民教育问题面向及其发展趋势之研究》，博士学位论文，台北：政治大学。

顾忠华，1999，《社会学理论与社会实践》，台北：允晨文化实业股份有限公司。

顾忠华，2007，《公民社会：社会资本的建构》，载李炳南（主编）《社会学：多元、正义、民主与科技风险》，台北：翰卢图书出版有限公司。

Esping-Andersen, G., 1999，《福利资本主义的三个世界》，古允文译，台北：巨流图书股份有限公司。

Neil Gilbert、Paul Terrell，2012，《社会福利政策》，黄志忠、曾蕙瑜译，台北：双叶书廊有限公司。

战京贤、潘德金、宋玉、魏洪亮，2015，《"三社一体化"社区治理模式的实践与思考——以北京市朝阳区的探索为例》，《改革与开放》总第402期。

李京华、赵珊珊，2016，《"三社联动"：内涵、机制及其推进策略》，《社会学研究》总第269期。

黄慧，2016，《"三社联动"与城市社区治理》，《法制与社会》第10期。

呼和浩特市民政局、呼和浩特市睿联凯舟社会工作发展中心，2017，《呼和浩特市2017年"公益创投"试点示范项目手册》。

Hart, A. F., 1988, Contracting for Child Welfare Services in Massachusetts: Emerging Issues for Policy and Practice, *Social Work*, 33 (6).

Kettner, P. M., Martin, L. L., 1990, Purchase of Service Contracting: Two Models, *Administration in Social Work*, 14 (1).

McDonald, C., Zetlin, D., 2004, The Promotion and Disruption of Community Service Delivery System. *Australian Journal of Social Issue*.

作者简介

余炘伦　英国埃塞克斯大学（University of Essex）文化与社会历史学硕士、社会学博士，现任内蒙古大学民族学与社会学学院讲师。研究领域主要从现代性及精神分析的角度切入，分析微观的个人生命经验与宏观的社会文化间的变迁关系。此外，也从政治经济学的视角研究当前国内的社会政策。

5

政治经济学视角下的"三社联动"与公益创投

——以呼和浩特市睿联凯舟社会工作发展中心的社会组织评估项目为例

宋雅然　赵　丽　阿　润

一　绪论

（一）研究背景

我国民政部 2016 年 12 月出台的《社区社会工作服务指南》指出，社区社会工作具有多方联动的作用，社区社会工作者应在社区党组织的领导和社区居民自治组织的指导、支持下，运用社会工作专业理念和方法组织引导相关社会组织、驻社区单位、志愿者和社区居民等多方力量参与，支持社区治理工作（民政部，2016）。此外，习近平总书记在十九大报告中指出社会工作专业人才队伍是加强和创新社会治理的重要角色；充分发挥社会工作专业人才队伍在社会治理中的积极作用，有利于提高社会治理专业水平。在此理念指导下，2017 年度呼和浩特市社会组织评估工作由市民政局委托第三方机构组织——睿联凯舟社会工作发展中心——实施。因此，本研究将从政治经济学视角出发，以睿联凯舟社会工作发展中心为第三方介入机构承办的社会组织等级评估项目为例，探究"三社联动"与公益创投的联系。

（二）研究目的

公益创投和"三社联动"为促进社会进步和解决社会潜在矛盾提供了平台，在此我们欲从政治经济学的视角来研究"三社联动"和"公益创投"两者之间的关系，说明二者在政治经济学视角下的具体呈现，以及政治经济学视角在"三社联动"和公益创投中的作用。

（三）研究意义

随着时代的发展，人民对于当前生活的期望不断增加，社会工作作为解决社会问题、提供社会支持、解决困难群体的福祉性工作，在社会的进步发展中发挥着重要作用。

社会工作在原有的工作内容基础上，把公益创投也纳入其工作范围内。孵化作为公益创投的一种具体表现形式，把初创期的社会组织通过公益创投的平台，实现从"入壳"到"出壳"的成长过程。公益创投以专业创新的模式，提供多角度指导和多样性支持，创造更加公信和有效的公益平台，汇聚各方资源，凝聚各种力量，共同推动公益组织的健康发展。公益创投作为一种新的公益慈善和投资方式，资助人在倾注时间和资金改善公益组织的管理、增长和表现的同时，还向其注入商业智慧，这对于改变目前国内民间公益组织比较弱小、存量过少、增量缓慢的现状无疑具有重要作用。作为具有社会责任的企业为民间企业的培育发展进行公益创投，具有重大而深远的现实意义。社会组织不仅需要得到政府和社会各界的关心和支持，更需要企业的资助和支持。

当前在我国政府对社会工作的大力推动与支持的背景下，社会工作和"三社联动"的发展密不可分，其在创新社会治理、激发社会活力、完善社区服务体系、回应居民服务需求的重要途径、延伸民政工作臂力、创新民政工作机制的重要手段、做好群众工作和巩固党执政基础方面具有重要意义。

（四）研究方法

本研究采用参与式观察为主要研究方法。研究团队成员进入呼和浩特市睿联凯舟社会工作发展中心参与民政局主办、睿联凯舟社会工作发展中心承办的社会服务组织等级评估工作。

此次评估是对社会团体、基金会实行综合评估，评估内容主要包括基础条件、内部治理、工作绩效和社会评价共四个方面；对民办非企业单位实行规范化建设评估，评估内容主要包括基础条件、内部治理、业务活动、诚信建设和社会评价五个方面。主要把是否取得证书、评估等级有效年限、上年度检查情况、是否被立案调查等作为评估的具体指标。

本研究还采用了SWOT分析法，第一，在查找相关文献的基础上，对SWOT分析法有了详细的了解；第二，充分收集了睿联凯舟的基本资料，对其进行了客观的评价，并详细了解了相关政策法规和社会环境。该分析法能清楚地对机构的资源和机遇、挑战进行分类整合，使研究者对机构的整体情况有一个更加全面深刻的认识，从而得出一系列的专业结论，进而对机构的发展提供专业的指导。

二 "三社联动"与公益创投

（一）相关概念界定

1. "三社联动"社区服务模式

社会工作者、社会组织、社区被称为三社。在社会治理中，社区是综合平台，社会组织是载体依托，社会工作专业人才是一支不可或缺的专业力量，"三社联动"不是三项业务的简单拼盘，而是三个主体的有机融合、相互促进。

2. 公益创投

公益创投主要是由各级人民政府民政部门为其提供资金支持、"种子资金"管理和技术支持，提高初期和中小型公益组织的能力并不断扩大自身影响力。通过与被资助的组织建立长期合作伙伴关系，帮助其完成创业期的阶段性目标；通过社会资金整合间接地帮助解决社会问题，达到促进组织能力提升和模式创新的目的；激励社会组织成为真正投身解决社会问题的公益团体。

（二）"三社联动"与公益创投两者之间的关系

首先，"三社联动"是公益创投的基础和实施载体，"三社联动"为公益创投提供场地、技术、专业人才等具体实际的支持和服务，"三社联动"的社会组织可以为其提供资金支持，社会工作者为其提供专业服务和技术帮助，社区为其提供相应的办公场所和成熟的孵化机制，为日后的运行做好基础支持工作。

其次，公益创投的发展直接或间接地带动了"三社联动"的发展，"三社联动"中的社会组织可以更切实地参与到社会发展过程中，公益社会组织可以更好地增强社会责任意识；社区不仅可以发挥传统意义上为居民服务的作用，还可以与国家社会政策进行更好的连接，促进社会积极发展，更加实际地发挥社区作为国家基层组织的重要作用；社会工作者作为技术的提供者，是"三社联动"中不可或缺的一部分，积极连接社会政策和公益创投，是促进公益创投健康、积极发展的一座桥梁。

最后，"三社联动"和公益创投相互促进，相辅相成，公益创投带动了"三社联动"的发展，"三社联动"作为公益创投的基础为其未来的发展也打下了扎实的基础。

三　国家和市场的角色在"三社联动"和公益创投中的作用

"三社联动"主要采取党政主导、专业承接、项目运作、整体联动的模式，即由地方党政部门牵头推动社区治理改革，运用政府购买社会组织服务的方式，由专业社会组织承接社区服务项目，运用项目合同的方式明确服务内容与相关权利责任，最后在社区党委监督、社区或者居委的统筹之下，由社会工作者施行社区的行政基础服务与公共社区服务，提升社区治理绩效，最终实现"三社"整体联动。

（一）国家和市场的角色在"三社联动"中的作用

1. 国家在"三社联动"中的作用

（1）政府作为发动者和倡导者的角色

在中国的发展中，基层政府是"三社联动"的主要发动者。国家政府负责一个国家的主要政策制定和实施，发布具体的政策措施，以支持"三社联动"新模式在我国社会发展中的应用，促进社会服务朝向更优化发展。政府从当前社会发展的大背景下确定"三社联动"机制发展的宏观思路，只有在思路清晰、明确的前提下，才能具体开展"三社联动"的工作。

政府根据当前我国经济发展和社会发展提出的新要求，决定大力倡导"三社联动"机制，呼吁民政部门等相关政府机构加大对社会工作机构的支持，并出台相关政策及奖励机制对社会工作机构、社会工作项目给予支持，提高工作人员开办社会工作机构的热情，增加专业社会工作机构的数量，配合"三社联动"发展的要求，适应发展中的新需求。

（2）政府作为管理规划者的角色

政府具有社会资源的整合规划的功能。无论是社会改革还是资源获取，都是在政府的管理规划下才得以开始、发展，及运行。政府可以整合的资源包括财政资源、物力资源和政策资源。政府可以通过明确的改革政策，为社会组织机构提供服务，清除制度和政策障碍，并合理运用政策制度，积极协调引导市场、相关社会工作服务组织、社会工作专业人员等人力主体进入社区提供服务。

在"三社联动"过程中，要发挥政府的交流功能，与"三社联动"的相关主体定时沟通，构建"三社联动"的内外沟通制度平台，只有沟通顺畅，"三社联动"机制才能顺利进行。在沟通顺畅的前提下，充分调动社会工作机构的积极性，在机构之间充分互动的基础上，发挥各自的优势和长处，相互沟通配合，协同发展，需求一致，实现共同合作。

（3）政府作为监督者的角色

在"三社联动"实现的过程中，政府作为国家主体的监督者的角色必不可少。政府通过购买社会组织服务支持"三社联动"的同时，通过参与相关项目来介入运作。在"三社联动"的运行过程中，政府部门并不会直接干预具体实务工作。但仍然以第三方的监督角度对社区、社会组织、社会工作者的行为进行日常监督。一方面是政治过程监督，保证"三社联动"的政治方向正确；另一方面是项目进行过程监督，在日常项目运行过程中，依据签订的项目合同规定对社会组织服务完成的情况进行监督，以确保履行服务合同的同时，保证其效度和信度。如监督过程中发现问题，要在保证项目继续运行的前提下，及时有效地跟进与协调；并在项目进行的过程中，对其进行严格的过程评估，考察绩效。

2. 市场角色在"三社联动"中的作用

（1）市场作为促进竞争的作用

"三社联动"是在市场的大背景下进行的，社会组织、社区、社会工作者三者缺一不可。社会组织分为营利性社会组织和非营利性社会组织，社会上绝大多数属于营利性社会组织，在市场经济的前提下，为自身更好地生存发展，社会组织不断争取政府资金，促进了相互之间的竞争，促使社会组织可以不断提高自身水平，加强自身综合能力建设，为"三社联动"的持续推行提供坚实的基础。

（2）市场具有优化配置的作用

市场的强大竞争力对市场中的社会组织起着优胜劣汰的作用，只有社会工作组织自身不断增强实力，才能在经济市场中生存。社会组织在人力专业素质、环境条件等方面不断自我提升，提高了社会组织的综合能力，进而提高了社会整体社会组织的发展水平，市场机制下优秀的社会组织对于"三社联动"发展有着积极的促进作用。

（二）国家和市场的角色在公益创投中的作用

类似于国内青年创业引领计划公益扶持基金模式，公益创投是公益领域的创业投资。但在实践中会有不同的模式。公益创投在运作方式上类似商业投资行为，它与商业投资的本质区别在于其投资目标的非营利性：公益创投不要求回报，或者将投资回报继续用于公益事业。

1. 国家角色在公益创投中的作用

（1）国家作为倡导者的作用

国家在公益创投过程中扮演倡导者的角色，在促进其公益性方面更加积极。因为公益创投追求公益慈善资金的高社会回报率和社会效益最大化并着力解决社会问题，所以国家在公益创投方面投入的精力较多，而且对于公益创投方面的支持工作有重要的推进作用。

（2）国家作为主导者的作用

国家在公益创投过程中扮演主导性的角色，在公益创投的运转中其支持性的公益活动与组织能够获得优先资助的机会。在资金供给方面，政府主管机构通常是民政部门直接调配资金。政府开始将公益创投纳入财政部门支持范畴，这里充斥着政府管理的成分。因此政府对于资金管理是十分严格的，资金发放权力直接控制在政府手里，不会放权到第三单位。

（3）国家作为资源调节者的作用

在公益创投过程中国家作为资源调节者，合理安排各方资源与利益整合，力图回应社会需求和治理社会问题。国家从宏观层面来控制或调节资源分布和资源配置，以保证社会资源的合理分配和社会秩序稳定。比如竞争力强的企业到服务水平较低的城市去参与公益创投，使得当地公益项目得到发展，达到资源向欠发达地区流动的目的。

2. 市场角色在公益创投的作用

（1）市场作为资金支持者的作用

市场是公益创投的主要资金支持者，它把资金整合到一起，然后以项目制的方式扩散出去，使资金流动到公益领域中。市场调节公益领域的社会劳动力和生产资料，促进生产活动的活力，提供更多的就业创业的机会，缓解社会上的就业压力。

（2）市场作为提升服务品质的作用

市场促使企业开展竞争，实现优胜劣汰，可以激励企业和劳动者的生产积极性，使经济具有活力和生机。市场在公益创投项目中，使生产和需要趋于平衡。企业在公益创投中创造大量的就业和创业机会，满足了社会上的就业创业需求，呈现出其在供求关系中的平衡状态。

（三）小结

公益创投既帮助社会组织进行培育，同时也是激发社会组织活力的新的实践，为了提高社会组织的服务水平并增强企业相互竞争性，公益创投中的企业部门所提供的资金是社会组织参与公益项目的基础，为社会组织提供了专业化的技能和竞争的机遇、平台，增强了社会组织的动员能力和实践能力。社会组织在培育过程中加强了与政府和企业的联系，为其发展和规范化争取到各方的支持和帮助。公益创投作为新兴的社会组织培育项目，发展出更多样性的、个性化的、便利的社会服务机构，以创新的项目形式为社会发展做出示范。

"三社联动"是公益创投的基础和实施载体，"三社联动"作为公益创投的基础为其未来的发展打下了扎实的基础，公益创投的发展直接或间接地带动了"三社联动"的发展，"三社联动"和公益创投相互促进，相辅相成。

而政治经济学在"三社联动"和公益创投上也产生了重大的作用，与"三社联动"、公益创投息息相关，其在增强企业活力、社会费用、社会服务支出方面都产生了重大的影响，可以帮助我们更好地认识和理解它们之间的关系。

四 政治经济学视角下的"三社联动"与公益创投

（一）政治经济学视角下的"三社联动"与公益创投

1. 增强企业活力方面

从政治经济学视角出发，社会支出为社会服务提供资金支持，而企业则是赢得资金支持的有利条件，企业在参与公益创投的过程中相互竞争，基于忧患意识及增强竞争成功的概率，竞相创新模式，提高服务质量以便提供优质的产品，从一定程度增加企业的活力及促进其创新意识，提高了社会组织的活力。

2. 社会费用方面

社会费用是社会支出的第三个类型，是维护社会和谐所需的方案与服务——去满足国家的合法化功能。"三社联动"中的社区作为国家的基层社会服务组织为社区居民提供最为基础的服务，利用其基层单位的性质，广泛联系群众和政府，上传民意下达政府信息，贯彻执行政府政策，为居民提供服务，为公益创投提供支持，进而维护社会秩序，维护社会稳定，促进社会和谐。充分发挥社区作为国家基层组织的作用，满足国家的合法化功能。

3. 社会服务支出方面

"三社联动"与公益创投在社会服务支出中占据着重要的位置。随着"三社联动"与公益创投的发展和扩大，社会服务支出也逐渐上升。这里面有三个重要原因：①相对成本上升。社会、经济的发展带来市场的巨大活力和竞争，也带来物质价格的上升以及产品成本的增加。因此，社会中相对成本的上升会带来用于社会服务支出的增加，也会加大国家与社会的压力。②人口变迁对社会服务支出有着重要影响。老龄化等年龄结构的变化，给社会带来新的问题和需求，要求社会增加支出额度和服务力度，为社会服务工作提供基础，例如机构养老、居家养老、适老化改造等服务工作均需要透过"三社联动"与公益创投的设计为社会服务创造更多的社会资源投入。③新的改良过的服务。社会服务范围的扩大与服务水准的提高都将带来社会服务支出的增加。"三社联动"与公益创投的发展会给社会服务带来新的或者是更为良好的服务内容，因此也再次增加社会服务支出的额度。

4. 社会需求成长方面

社会的进步和经济的发展等必然会带来新一轮的社会需求，物质的提升使得人们对服务标准产生定性要求和多样化的需求，而我们想要满足这些新需求就必须采取新的方法。加大社会服务支出是最基本的方法，也是最直接的方法。随着这些社会需求的增长，社会服务支出必然上升。

（二）政治经济学视角下的矛盾

虽然国家财政投入了大量资金支持公益创投和"三社联动"，但公益创投的发展也离不开其他企业的资金支持。与此同时，虽然企业在公益创投的过程中也会收获社会名誉和利润，但如果孵化创业组织失败，不仅导致其他企业放弃投资，投资企业自身也无法得到原本想要收获的间接利润，甚至因其资金亏损，企业向国家缴纳的税额随之减少。最终，国家大量的投资并没有得到回报，反而导致国家支出不断加大，收入却没有增加，甚至占用其他服务领域的资金投入到公益创投的项目服务上，产生了收入和支出的不对等的问题。

五　睿联凯舟社会工作发展中心——社会组织评估

（一）资源评估

睿联凯舟社会工作发展中心的资源评估采取 SWOT 分析法进行分析。所谓 SWOT 分析，即基于内外部竞争环境和竞争条件下的态势分析，就是将与研究对象密切相关的各种主要内部优势、劣势和外部的机会和威胁等，通过调查列举出来，并依照矩阵形式排列，然后用系统分析的思想，把各种因素相互匹配起来加以分析，从中得出一系列相应的结论，而结论通常带有一定的决策性（徐永祥，2004）。

"S"、"W" 是指内部的优势和劣势因素。睿联凯舟社会工作发展中心内部的优势资源是相关工作人员资历较高，有丰富的理论和实践经历，经验丰富，相关项目参与次数多、参与度较高；睿联凯舟社会工作发展中心的办公地点地处市中心、在居民社区内办公，不但有利于和社区居民更好地交流沟通和开展工作，更有利于此次评估项目的进行；机构内部有八台电脑、一台投影仪、两台打印机、小型会议室，还有大量的专业书籍，这些为服务中心的项目开展提供了充足的物质条件和理论基础；睿联凯舟社会工作发展中心自 2015 年成立以来，积极响应政府和相关组织部门号召，参与政府项目，与政府相互配合完成相关项目工作，并和相关民政部门建立了良好的关系，为机构后续的工作开展打下了良好的基础，这些因素都为社会组织评估项目的展开提供了有利的条件。

"O"、"T"是指外部的机遇和威胁因素。睿联凯舟社会工作发展中心的发展有着两个不可多得的外部机遇，首先是随着国家政府大力提倡社会工作的发展，地方政府及民政部门开始重视社会工作机构发挥的作用，在民政部门的相关政策和文件的制定上，突出社会工作机构的带动作用；其次是生活水平的不断提高，人民的需求不断增加，社会工作专业本身的理念和目标更加符合人的发展，对社会工作的服务逐渐提出多样化、范围广的需求。而睿联凯舟社会工作发展中心的外部威胁因素则是虽然政府的政策支持力度大，但是由于财政限制，政府的资金支持杯水车薪，不能为优秀项目的顺利开展提供足够支持，很多优秀项目在缺乏资金的前提下不能顺利开展而无限顺延，政府的资金缺乏对机构生存和自身的提高是最大的威胁；加之社会工作本身在我国是一个新生专业，社会了解度较少，对社会工作的认可度不高，以及社会工作机构发展营利较少，真正的专业机构较少，合作伙伴较少，对机构未来的进步都是严重的阻碍。

（二）需求评估

（1）机构方面

睿联凯舟社会工作发展中心在这次社会组织培训项目中担任执行者的角色。睿联凯舟社会工作发展中心是社会组织孵化基地，它本身有责任和义务为社会组织提供支持和服务。在本次项目活动中，睿联凯舟社会工作发展中心本身的需求包括：通过培训项目提高自身的影响力和社会知名度，为以后能更好地发展社会工作服务和社会组织孵化工作积累经验和反思。睿联凯舟社会工作发展中心作为刚刚发展起来的社会工作机构，需要通过项目活动为自身争取到政府与社会的信任和支持。在行政系统和社会系统里发挥优势，提升知名度，被社会认可与需要，为机构以后更好地发展提供便利条件。

（2）服务对象方面

各个社会组织作为本次培训的服务对象，其需求有：首先，通过本次培训，能够使自身机构更加规范和完善。各个社会组织旨在参考其他机构的成功经验，从而使自身机构的工作能够更为顺利和流畅。在本次活动中，参与培训的机构有40多个社会组织，它们相互交流和学习，获取彼此的经验，以使自身机构能够借鉴或参考。其次，经过培训项目，各个社会组织了解评估方法和流程，使其参与竞争，提高机构的竞争力，增加机会和资源。本次活动主要内容是培训各个社会组织学习机构评估方法和相关知识，对社会组织以后的工作和发展给出初步的支持，使各个社会组织提高自身的能力，参与竞争。最后，通过本次培训项目中的各个社会组织之间的交流，拓展社会支持网络，争取更多的资源，以便有利于自身机构的取长补短。本次培训项目召集了40多家不同的社会组织，借此机会和平台进行互动交流，使其为自身机构建立更多的关系和支持网络，为以后的工作提供更为便利的资源来源和借鉴对象。

（3）社会需求方面

第一，人民群众对于社会服务的高水平要求不断提高，需要社会组织运行更加规范，对服务活动的质量效度提出了新的需求。社会上的不同群体对于各个社会组织的要求呈现多样化和个性化的趋势，需要多样化服务的社会组织来满足自身的需求。

第二，政府部门需要各个社会组织提升自身机构的规范化和竞争力，增加社会服务多样化的可能，把社会公共服务下放到各个社会组织中，使社会服务与行政服务分开，促进社会分工，提高社会稳定。

第三，市场经济需要社会服务与政治力量的影响来加快流动和资本积累。这次培训活动主要针对各个社会组织的评估工作，以使各个社会组织提高服务质量和扩大服务范围，刺激社会资本的流动和增加，为经济活动提供不一样的机会。各个社会组织的能力提升必然会引来市场竞争，因此市场经济活动需要各个社会组织之间的竞争力来促进自身的发展。

六 政治经济学视角下对睿联凯舟社会工作发展中心的项目分析

根据政治经学的劳动价值理论来看这次的项目活动，我们可以看到参加这次活动的社会组织所提供的服务本质上属于商品化服务。也就是所有服务的生产都是为了出售，而不是为了生产者本身的消费。比如：参与这次培训的机构里面，跆拳道俱乐部、英语辅导学校等机构其实是属于营利性机构，它们将服务的价值与其基本的劳动成本相连。每个机构提供服务的背后其实是服务的价值起着最终制约的作用。跆拳道俱乐部所提供的训练服务的价值取决于其背后所付出的社会必要劳动时间。培养教练所耗费的时间、金钱等的投入是社会必要劳动时间。所以这些投入影响机构服务的营利程度。也就是说，参与培训的社会组织的服务去商品化程度较低。

从社会支出的角度来看的话，政府将服务项目下放到各个社会组织是因为相对成本上升、新的且改良过的服务以及社会需求增长。

第一，社会服务相对成本的上升速度逐渐提升是一个趋势。政府为了维持原有的服务标准，不得不提高支出标准。但是政府为了财政收支平衡，将服务项目下放给社会组织，利用社会组织的力量来减少政府本该为社会服务所付出的财政支出。也就是说，把服务工作下放给各个社会组织的成本要低于政府自身提供服务的成本。

第二，新兴的、改良过的服务也是促使政府把服务项目下放到各个社会组织的原因之一。随着社会发展，社会组织为了保证其在社会中立足，不得不发展更广泛、更优质、更创新的服务，使其在市场中更有竞争力。所以，政府愿意将服务项目下放给各个社会组织，以保证服务的质量。

第三，社会需求的成长因政府的能力有限而得不到满足。经济与社会的发展引发各类社会问题与新兴需求的出现，这些多样化和个性化的需求对于服务项目的要求更加严格和具体。政府提供服务的精力和时间有限，以至于服务不到位，所以选择将服务下放给社会组织以保证能够满足社会上的新需求和高质量的服务。

从社会福利方面看，参与这次培训项目的社会组织是社会福利的提供者和推动者。各个社会组织的相关服务都是以服务对象的利益和权益为中心，提供专业化的服务，增进服务对象的福利，在社会福利领域中扮演了重要的角色。从自由主义的观点来看，政府把权力下放给各个社会组织是一种服务转移的表现。社会组织所提供的服务在一定程度上是属于私人领域的福利，也就是说通过这种方法来提升市场的活力，以使社会组织所提供的服务能够在市场竞争中发挥最大的作用，为社会福利的发展和扩张提供政策上的支持。

七 结论

在此次实践中,通过亲自参与睿联凯舟社会工作发展中心评估的第一次会议及前期准备工作,笔者产生了很多感想:首先,社会工作人员自身应该对社会组织评估项目有明确的认识和了解,知道社会组织评估的意义及具体步骤,明确社会组织评估对国家、社会、社会组织的积极影响,以及评估未来社会工作组织发展市场的积极意义。

其次,社会组织评估有利于社会组织的规范化,在此次评估会议的尾声中,有几家社会组织提前离开,是因为得知参加社会组织评估的相关组织必须达到三星级以上才有资格参加此次年度评估,这一举措不仅有利于排除等级水平低的组织,促进市场中服务组织的优化,还有利于提高市场中服务组织的整体水平。

最后,社会组织在参与此次年度社会组织评估中态度很认真,因为等级水平越高其得到的资源也相应地更多,要想促进组织自身更好地发展,等级的高低水平意义重大,对一个组织在未来的发展中产生深远的影响。

而政治经济学中主要认为不同国家有不同的福利体制类型,而采取的不同福利体制类型对国家的福利分配过程也会产生不同的结果。我国的福利体制类型更偏向介于保守主义制度模式和自由主义制度模式的福利体制。

在保守主义国家体制中,由于政府起主导作用,其政策及福利分配使社会中的中产阶层的收益最大,而在中国,中国的中产阶层所占比例最高,当政府在政策范围内最大限度地满足了中产阶层的利益,中产阶层对于社会服务组织的需求就会大大减少,在现实中,上层由于自身的经济实力及通过私人保险等方式已经得到了满足,对社会组织的需求性不大,而面对社会服务组织的部分有偿服务，下层大多有需求欲望却无力购买，限制了福利的获得，长时间得不到满足。这一方面限制了社会组织在我国的长期健康发展，更大的问题是导致政府不能对人民需求充分地满足，这些不仅对服务组织造成影响，其国家的人民也是更大的受害者。

在自由主义制度模式中，市场在一个国家的发展中起主要作用，社会组织在经济发达的城市中会发展得更好，因为当地的市场活力大，且具有更高的弹性，可以发挥更多的积极作用。反之，在经济相对落后的地区，市场发挥作用的力量相对较小，社会组织发展的作用更弱，可见福利体制的选择，导致对国家发展和社会福利产生重大影响。

此次实践中，无论是从"三社联动"和公益创投中，还是在睿联凯舟社会工作发展中心的组织评估项目中，都可以看到，我国政府在国家中的主导地位和领头作用，而市场则发挥配合和辅助国家发展的作用；政府的政策和市场对一个社会的社会组织和人民福利的获得产生巨大影响，其任意一方都在发挥着不可忽视的作用。

参考文献

Franz-Xaver Kaufmann，2006，《比较福利国家：国际比较中的德国社会》，施世骏译，巨流图书股份有限公司。

戈斯塔·埃斯平－安德森，2010，《转型中的福利国家——全球经济中的国家调整》，北京：商务印书馆。

Ian Gough，1995，《福利国家的政治经济学》，古允文译，台北：巨流图书股份有限公司。

Peter Taylor-Gooby，2011，《新风险，新福利：欧洲福利国家的转变》，马继森译，台北：巨流图书股份有限公司。

理查德·蒂特马斯，2011，《蒂特马斯社会政策十讲》，江绍康译，长春：吉林出版集团有限责任公司。

中华人民共和国民政部令第 39 号，2010，《社会组织评估管理方法》。

民政部公告第 397 号，2016，《民政部关于发布〈社区社会工作服务指南〉等 5 项推荐性行业标准的公告》。

徐永祥，2004，《社区工作》，北京：高等教育出版社。

作者简介

阿润　内蒙古大学民族学与社会学学院社会工作硕士研究生，本科在内蒙古大学社会工作专业学习。

宋雅然　内蒙古大学民族学与社会学学院在读研究生。

赵丽　内蒙古大学民族学与社会学学院社会工作专业在读研究生。本科在内蒙古师范大学青年政治学院就读。

三社联动视角下的地方社区实践：
以呼和浩特市为例

6

青春如你·岁月可歌

——老年人人生回顾个案访谈

王梦泽　张皓娜　敖其尔巴图

一　问题定义：人口老龄化与社区现实

（一）人口老龄化现实

人口老龄化是指，因人口生育率降低和人均寿命延长，总人口结构因年轻人口数量减少、年长人口数量增加而产生的动态变化。国际上通常把 60 岁以上的人口数占总人口的比例达到 10%，或 65 岁以上的人口占总人口的比例达到 7% 作为该国家或地区进入老龄化社会的标准。

若依此标准衡量中国社会，上海市是我国最早进入老龄化的城市，其老龄化始于 1979 年，当时人们几乎不知晓"老龄化"的概念，但老龄化的情况却不断蔓延。至 1997 年，我国 60 岁以上人口占比超过 7%，标志着中国正式迈入老龄化社会；2009 年我国人口老龄化系数达 9.72%，"未富先老"的情况进一步受到政策界与学术界的密切关注；2010 年的中国第六次人口普查数据显示，我国 0～14 岁人口占总人口的 16.60%，相比第五次人口普查时期下降了6.29个百分点，60岁及以上人口占人口总数的13.26%、65岁及以上人口占总人口的8.87%，分别较第五次人口普查时期上升了2.93%与1.91%[①]。相关数据已然证明我国人口老龄化情况十分严重，官方预测表明该问题甚至有愈演愈烈的趋势：2014年全国老龄办首次对外发布《中国人口老龄化发展趋势预测研究报告》，《报告》指出"21世纪的中国将是不可逆转的老龄社会""截至2020年，（中国）老龄化水平将达到17.17%，80岁及以上老年人口将占老年人口总数的12.37%"[②]。老龄化与高龄化的现实必将影响整个政治、经济与社会机制，在此形势下，有关老年人需求与福利的保障问题日益受人关注。

（二）城市社区现状

人口老龄化已经成为中国社会的基本事实，呼和浩特市自然也不例外。

公交综合小区位于呼和浩特市大学西路街道，社区内存在数目较多的老人，而其中退休老人更是值得关注的群体。一方面，作为城市社区居民与退休职工，他们在呼和浩特市生活已久，城市环境为他们提供了很多便利，加之退休金与医疗保险等相关保障，他们在物质上已经基本得到满足；另一方面，在满足基本需要的前提下，他们仍然存在着更高层次，尤其是心理方面的需要：城市退休老人是指根据国家有关规定，到了退休年龄而从工作岗位退出的劳动者，根据我国相关规定，男性60周岁、女性65周岁就要从所在单位退休，退休后老人的经济关系、人际关系、生活规律、社会活动等都发生了显著变化，这对老年人的精

---

① 中华人民共和国国家统计局：《2010年第六次全国人口普查主要数据公报》，2011。

② 全国老龄工作委员会办公室：《中国人口老龄化发展趋势预测研究报告》，2014。

神生活产生重大影响①；同时，老年人在此人生阶段不免会面临很多生理与社会方面的问题，相关研究也已表明，年龄、性别、疾病增加、自理能力下降、视听功能障碍、认知老化等生理因素，生活事件、婚姻与家庭、体能与文化活动、社会支持、个体参与等社会因素都会影响老年人的心理健康②。总之，老年人的心理需求亟待满足，而这一点正是现有老年人福利保障措施所忽视的。

二　需求评估

在对不同年龄段的人的需求界定上，美国著名精神医师、新精神分析派代表人物埃里克森（E. H. Erikson）的人格发展八阶段理论一直受人重视，被许多人看作人格理论中最有价值的一种。

埃里克森认为，人的自我意识发展持续一生，其形成和发展过程可分为八个阶段，这八个阶段的顺序是由遗传决定的，但是每一阶段能否顺利度过却由环境决定，所以这个理论也被称为心理社会阶段理论。在他的主张中，每个阶段都面临一个特定的心理危机，每个危机都涉及一个积极结果和一个消极结果并分别对个体人格产生积极或消极的影响，包括婴儿期（0～1.5 岁）的信任对怀疑，儿童期（1.5～3 岁）的自主对羞耻，学龄初期（3～6 岁）的主动对内疚，学龄期（6～12 岁）的勤奋对自卑，青春期（12～18 岁）的角色同一对混乱，成年早期（18～40 岁）的亲密对孤独，成年期（40～65 岁）的繁衍对停滞和成熟期（65

---

① 殷华西、刘莎莎、宋广文：《我国老年人心理健康的研究现状及其展望》，《中国健康心理学杂志》2014 年第 10 期。
② 杨纾加、温玉洁：《影响老年人健康状况相关因素的研究进展》，《华夏医学》2003 年第 16 期。

岁以上）的自我完整对绝望①。在此理论框架下，老年人正处于成熟期，此时期往往伴随着生理机能减退和社会活动减少等情况，甚至存在疾病、子女分离乃至丧偶丧子等一系列伤痛事件，这些因素的综合作用决定了老年人心理需求的特殊性——重要的自我完整对绝望的冲突。埃里克森将自我完整定义为："只有这种以某种方式关心事物和人们的人，才能使自己顺应形影相随的胜利和失望，顺应其他事物的创造者，或者说顺应各种产品和思想的创造者——只有在这种人身上，这七个阶段的果实方能日臻成熟。"顺利达成自我完整将获得智慧的美德，危机得不到成功解决则会形成老年人的失望和毫无意义感并直接影响下一代婴儿期信任感的形成。因此，关注老年人的自我完整需求是十分必要的，若能对其人生回顾做出正确指导，老年人在面对未解决的冲突时将更容易消除内疚与挣扎，进而获得接受自我、承认现实的自我调整感受，并将促成其健全人格的实现并构成一个向积极方向发展的生命周期。

三　资源提供

在满足老年人心理需求与保障其福利的问题上，共有三个可以发挥作用的主体，分别是政府、市场与社会组织，而三者在福利资源的提供上也存在着较大的差别。

一方面，政府作为资源提供的主体之一，在老年人福利问题上大多关注物质层面，如对其基本生活和医疗保险等保障，对老年人的心理需求往往难以直接满足。但另一方面，政府仍可以在满足老年人心理需求上发挥间接作用，包括扶植相应社会组织或营利组织，创设有利其发展的环境、提供优惠政策和补贴等，以

① https://baike.so.com/doc/6572351-6786114.html，2018.5.20，8：31.

此促使相应组织机构更好地发挥作用。

市场作为另一个资源提供的主体，在满足老年人需求上同样具有巨大优势。一方面，市场提供的心理服务种类多元，老年人作为消费者可以自由选择；另一方面，市场的优胜劣汰机制容易带来更高的服务质量。但市场在资源提供中同样存在不足，一方面，更高质量的服务往往伴随着更昂贵的价格，有时老年人难以或不愿承担；另一方面，单纯追求经济利益加之市场规范与道德约束的缺失可能对老人造成伤害。

社会组织是另一个资源提供的主体，相较政府与市场而言既有优势也有劣势。一方面，社会组织如社工机构在老年人的心理需求问题上关注度较高且人员经受过专业训练、能力较强，加之专业伦理与价值的规范，社工机构将能更好地保护与疗愈案主；但也存在劣势，其最大的问题在于现今发展中缺乏资金支持，若无足够资金，社工机构服务难以顺利开展。

四 行动方案

为调和政府、市场与社会组织三者的关系，满足呼和浩特市公交综合小区内退休老人的心理需求，呼和浩特市赛罕区树青社区服务中心依托睿联凯舟社会工作发展中心社会组织孵化平台开展了名为"青春如你·岁月可歌"的老年人人生回顾项目。本项目的实施是"政府、社会组织和服务人群"三者之间的互动结果，即政府部门（内蒙古自治区民政厅）通过政府购买服务的方式向社会组织（树青社区服务中心）提供公益种子项目资金，社会组织发挥自身能力连接社会工作专业人员与广告公司资源为老年人开展缅怀治疗项目并为其免费制作回忆录，以此弥补政府部门难以直接行动、市场服务价格过高和社工组织资金有限的缺陷，满足老年人的心理需求（见图1）。

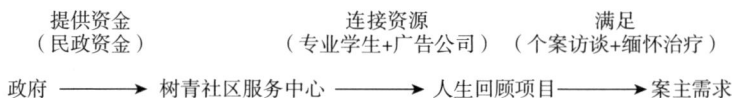

提供资金　　　　　连接资源　　　　满足
（民政资金）　（专业学生+广告公司）（个案访谈+缅怀治疗）

政府 ——→ 树青社区服务中心 ——→ 人生回顾项目 ——→ 案主需求

图1　行动方案

在具体开展中，本项目通过社区领袖的帮助选择了公交综合小区中 6 位退休老人进行人生回顾，项目采用的是个案访谈的方式，并运用了缅怀治疗的专业方法，开展了 4 次主题分别为"破冰""年少时光""恋爱结婚""退休生活"的访谈活动，并在访谈结束后将其生命历程整理成册赠予访谈者，服务对象具体情况与访谈主题如下（见表1、表2）：

表1　案主信息

案主	个人信息
A	女，65 岁，人民汽车公司司机
B	男，80 岁，公共汽车公司副经理
C	女，77 岁，人民汽车公司司机
D	女，75 岁，人民汽车公司司机
E	女，69 岁，工会主席
F	女，75 岁，人民教师

表2　访谈主题

破冰	第一次访谈	第二次访谈	第三次访谈
1. 自我介绍	1. 小时候家庭情况	1. 与配偶如何认识	1. 退休时间及生活
2. 项目情况介绍	2. 受教育情况及理想	2. 配偶对工作的看法	2. 回想工作的感受
3. 基本信息了解	3. 进入行业的过程	3. 孩子对工作的看法	3. 最重要的是什么
4. 联系方式留存	4. 接触行业有无困难	4. 工作与家庭的协调	4. 愿望及人生的意义

在具体访谈开展中，工作人员采取的是有指导的人生回顾。工作人员依据访谈主题引导老人回忆一生的经历，在老人缅怀往事的过程中运用倾听、积极关注等专业技巧使老人感觉到自己是

受重视的、自己的经历是值得人记录的，以此增强其自信心。同时，工作人员还运用专业方法识别与强化其生命历程中的正性事件与正面价值，当老人提及有特殊意义的事件时工作人员给予了积极回应并发出由衷的赞美，后续回忆录的撰写中也突出其品质，以过往的辉煌弥补老人当下在能力与机会上的不足；访谈过程中老人不免出现悲伤或挫败体验，工作人员选择倾听并允许其释放悲伤并在合适的时候将话题引至快乐事件，关于老年人的挫败体验，工作人员选择在后续回忆录的撰写中将其正面化，最终回忆录将有助于强化老年人"我是有价值的人"的信念、改善老年人的情绪状态。

五　专业反思

（一）案主角度

1. 时间协调问题

本项目服务对象是公交综合小区的 6 位老人。一方面，老人的休息时间较为规律且项目多采用入户访谈形式，工作人员要在不打扰老人日常休息的前提下开展服务；另一方面，老人生活中难以预测的时间安排较多，如亲戚的到访、家中事务等，二者带来了时间约定的困难与访谈时间的限制。

面对此种情况，工作人员设计项目时应充分考虑到服务对象的特殊性，在具体的服务开展中加强与服务对象的联系，以此促进服务的顺利开展。

2. 自我否定问题

步入老年期后，人的心理与生理都发生明显变化，身体逐渐衰退时心理状态也相应改变，无价值感尤为明显。项目中个别老人在访谈初期即表现出了轻微的自我否定，认为自己的人生经历

"不值得讲"、自己"没做过什么大事"等，工作人员面对此情况选择对老年人给予积极肯定，解释"您的经历对我们很重要""您的故事是值得记录保存的"，相应的解释与肯定促进了访谈的圆满完成。

（二）工作人员角度

项目开展初期工作人员存在角色厘清方面的问题并由此导致分工不明。所幸工作人员与总督导及时进行了沟通，在总督导的指导与建议下重新界定角色，以此促成合理的分工合作并顺利完成项目。

（三）社会组织角度

项目开展过程中社会组织凸显出能力仍需提高的问题。一方面，社会组织的专业能力仍待提高，包括专业价值与专业技巧的加强；另一方面，社会组织的管理能力仍有欠缺，包括整体策划与时间管理能力，相关问题已撰写成书面材料，希望社会组织能明确自身使命并加强学习，此般不仅有利于推展后续服务，也有利于其自身的运行与建设。

六　结论

虽存在值得完善之处，但在各方的支持与帮助下，本项目得以顺利完成。"青春如你·岁月可歌"老年人人生回顾项目的圆满成功有赖于政府与社工机构之间的良好互动，也离不开社工机构连接的众多资源。在这种意义上，树青社区服务中心的案例为我们提供了很好的服务范本：在政府购买服务的大潮下，社工机构如何体现与发扬自身优势以获得社会认可？答案正在于此。社工机构在发展初期力量较弱，离不开政府的扶持与帮助，但相关支持是"造血"而绝非"输血",是平台而绝非屏障,机构在运营过程中有能力连接更多资源并创造出超乎物质资源的社会价值,这是社会工作的专业性使然,更是社工机构的优势所在。鉴于此,社工机构需要加强与政府的有效合作,更需要不断提升自身的专业能力,二者结合方可促进自身良性发展并带来更多的社会效益。

作者简介

王梦泽　内蒙古大学 2015 级社会工作专业学生。

张皓娜　内蒙古大学 2015 级社会工作专业学生。

敖其尔巴图　内蒙古大学 2015 级社会工作专业学生。

7

❧◆◆◆◆◆❧

和老年的消极信念说再见

——萨提亚模式老年关爱团体活动

艳　丽　娜何雅　陶勒苏　钦　白　古恩毕力格

一　问题定义

随着年龄增长，老年人的机体逐渐衰退，其健康问题和疾病康复也引起社会和越来越多人的关注。对老年病患的疾病治疗除了传统的药物等疗法，心理护理也十分重要。现在，我国出现心理问题的人口越来越多，尤其是老年人，是目前最容易患心理问题的人群，老人的心理健康问题不容忽视。然而，我们往往只关注了老人的生理健康，而忽视了他们的心理健康。其实，相比于农村老年人，城市老年人更容易产生心理问题，因为城市老年人经济方面比较独立，城市老年人的儿女认为自己父母能照顾自己，而且生活条件也比农村好，儿女在日常生活中忙于工作，虽然满足了老年人物质方面的需求，但是在满足精神照顾需求方面难免会有欠缺，不像农村生活在大型家庭结构中，整个家族生活在一起，即使儿女不在身边，周围邻里之间都互相认识，亲属之间也互相照顾，那么，我们该如何预防和应对城市老年人的心理健康问题呢？

针对以上问题，在呼和浩特市民政局提出的"三社联动"背景下，由呼和浩特市睿联凯舟社会工作发展中心联系社会组织服务（孵化）基地，购买南坡子助老心灵关怀社会服务机构的服务，在学府花园社区开展第一届社区居家养老公益组织种子项目，提供能力建设培训、组织管理培训、项目申请与运作培训、办公场地支持、社工督导和评估等服务，促进社会组织健康、持续、规范发展，提升社会组织的整体实力。

"三社联动"助推社会创新发展，建立社区组织创新服务基地，形成政社联合、企社联合、校社联合以及社社联合的多方多元创新服务平台。以公益创投项目推动社区养老服务体系、社区家庭服务体系以及社区残疾人服务体系的建构，充分发挥各类社会组织在社区养老、家庭及残疾人等服务领域的作用，形成可复制、可推广的"三社联动"社区服务示范模式。

此外，睿联凯舟社会工作服务中心也带动内蒙古大学 2015 级"社会工作方案设计"课社工学生，分为十组，进入到每个项目，边学边实务，包括事前的项目书设计、事中项目实施的督导以及事后项目的评估，在为社会组织提供专业支撑的同时，也提升了他们的社会工作的专业能力。

"和老年的消极信念说再见"活动，是南坡子助老心灵关怀项目组运用现代心理学、中华传统国学的方法，在个体层面、家庭层面、群体层面分别进行心理分析、心理评估、心理疏导，旨在帮助人们解决老年人的心理问题、心理疾病，家庭的沟通交流问题和障碍、婚姻问题、亲子关系等问题，以培养积极乐观的心态。

活动使用的技术有讲座、个体心理咨询、团体心理辅导、绘画投射测验、沙盘游戏、家族系统排列、OH 卡、催眠、萨提亚模式家庭治疗技术、正面管教等措施，对所负责的社区的老年人、各种家庭提供心理支持和心理帮助。以几场大型讲座开头，从几个急切需要心理帮助的家庭和个人的问题入手，以专业的帮助树立工作团队的形象，在此基础上逐渐普及整个社区。心理护理是指护理人员在护理过程中运用心理学的理论和技能，通过护理手段，控制一切消极影响，帮助患者保持最佳的身心状态。心理因素会影响生理健康，它既是致病的诱因，又是治病的力量。对老年人进行科学心理护理，排除心理负担，克服不良心态，增强自信心，对提高老年人的心理生活水平、促进身心健康、治心治病起着重要的作用。

二 需求评估调查

随着步入高龄阶段，老人的自理能力逐渐退化，紧急救援、心理干预等特殊养老服务需求逐渐凸显。根据调查结果显示，对居家养老服务、文体康乐活动、互助服务有较高需求，需求比例在 60%～70%。大多数老人在日常生活中不仅需要满足充足的物质生活条件，同时也需要满足精神生活方面的需求，只有这样才能保持愉快的心情，感受邻里之间的关怀，安享晚年，所以本项目通过定期开展四次活动提高社区老年人的幸福感，减少孤独感，保持一个积极健康的心理，提高自我效能感，使其有效预防社区老年人产生各种心理问题。

南坡子助老心灵关怀项目组根据长期的心理咨询、心理治疗的经验，发现每个社区都有相当多的家庭遭受着家庭成员之间不和睦、邻里之间不和睦、婚姻问题、亲子关系障碍等问题的折磨。有相当多的老年人遭受着各种心理问题乃至心理障碍的痛苦。世界卫生组织断言："随着财富的增多和社会地位的提高，人们的主观幸福感反而会下降。"政府致力于提高人们的生活质量，因此十分有必要同时提升人们的心理素质。中国正在进入老龄化阶段，每个社区需要心理帮助的老年人和即将需要心理帮助的老年人数量很大，需求量很大。

根据长期的心理咨询经验，主要解决以下的心理问题，老年人会有很大的受益。

（一）解决孤独感问题：通过陪伴、积极关注等措施唤醒老年人的参与热情，将其被动生活态度转为主动生活态度。

（二）解决无用感问题：通过必要的心理疏导措施，促进老年人发现自我价值，激发他们发挥余热和积极性。

（三）解决亲子关系问题：通过家庭治疗、个体治疗、授课等形式对老年人的家庭进行干预，促进他们认清在家庭里面的角色，提高他们演好各自角色的积极性。

（四）解决被歧视感：通过个案咨询、家庭治疗等措施，让老年人领悟自身在家庭中的特殊位置，促进其正确认识自己，帮助他们消除种种不合理的需求与动机。

三　服务计划

（一）社会支持理论下的社区老年人群体

我们以社会支持理论介入社区老年人群体。社会支持网络指的是一组老年人之间的接触，通过这些接触，老年人得以维持社会身份并且获得情绪支持、物质援助和服务、信息及与新的社会接触。依据社会支持理论的观点，老年人所拥有的社会支持网络越强大，就能够越好地应对各种来自环境的挑战。老年人所拥有的资源又可以分为个人资源和社会资源。

我们通过调查发现，该社区老年人在年轻时候曾经从事过各种各样的工作，年轻时候过得很充实，喜欢尝试各种新鲜事，社区里的大多数老人都比较有学问，都曾在单位工作过，老人们对自己的过去表现很满意，也很乐意积极参加社区各种活动，这是老年人自身所拥有的自我功能和应对能力。但是个人所拥有的资源不能满足老年人的心理照顾方面的需求，所以需要个人社会网络中的广度和网络中的人所能提供的社会支持功能的程度。以社会支持理论为取向的社会工作，强调通过干预个人的社会网络来改变其在老年人生活中的作用。特别是对那些社会网络资源不足或者利用社会网络的能力不足的老年人，社区服务项目帮助他们扩大社会网络资源，提高其利用社会网络的能力。

整体来说有四大方面的看法。

1. 亲密关系观：通过第一次活动"漫谈心理学效应"，让社区老年人了解到人与人之间不仅仅是一种单向的关怀或帮助，它在多数情况下是一种社会交换，是人与人之间的一种社会互动关系。所以从家庭方面帮助老年人形成一个亲密家庭关系，使老年人能够很好地处理家庭关系。

2. "帮助的复合结构"观：通过第二次"萨提亚体验活动"丰富他们的日常生活与情感体验，更加认识了解到自己，提供多种展现自己的机会，提供支持性的精神帮助。

3. 社会资源观：通过社区"长者之家"为老人免费理发、提供免费午餐、举办读书会等方式，让老年人了解到社会支持是一种资源，是个人处理紧张事件问题的潜在资源，通过社会关系、个体与他人或群体间互换获得社会资源，致力于服务老年人。

4. 社会支持系统观：让老年人学会挖掘并利用有利于自身发展的各种资源，通过利用资源提高自身行为、认知、情绪、精神等方方面面。

（二）社会支持分类的方式界定

1. 提供客观支持、主观体验到的支持和对支持的利用度。客观支持也称实际社会支持，就是为老年人提供物质上的直接援助和社会网络、团体关系的直接存在和参与，是客观存在的现实，这是老年人社会、生理和心理需求的重要资源；主观体验到的支持也称领悟社会支持，即个体所体验到的情感上的支持，也就是老年人在社会中受尊重、被支持、被理解而产生的情感体验和满意程度。

2. 家庭支持、朋友支持、其他支持。从社会支持来源角度进行的分类，强调老年人对来自各种社会支持来源的理解和领悟。

3. 认知支持、情感支持、行为支持。这是以社会支持维度为出发点的分类。认知支持指为老年人提供各种信息、意见与知识等；情感支持指安慰、倾听、理解及与老年人交流等；行为支持指实际的帮助行动。通过讲座、萨提亚治疗模式的体验、催眠、生命的价值及唱红歌等活动来产生社会联系，从而获得能减轻心理应激、缓解紧张状态、提高社会适应能力的影响。其中社会联系指来自家庭成员、团体、组织和社区的精神上和物质上的支持和帮助。

（三）服务效果预测

"心态决定命运"，随着心理问题被解除、老年人的心理变得和谐、家庭变得和睦、亲子关系变得缓和、积极心态得到激发，一般出现以下效果。

1. 亲社会行为变多，对人和蔼友善，乐于助人。

2. 家庭氛围变好，尊老爱幼，母慈儿顺。

3. 家人关系变好，邻里和睦、互敬互爱。

4. 工作效率提高，执行力增强。

5. 身心病患好转或消失，变得健康有活力。

6. 主观幸福感增多，更多的人变得和颜悦色、乐观开朗。

四 项目实施

工作团队以轮流值班的形式住进社区的固定工作场所。

（一）首先用合适的方式进行破冰、宣传、普及。

（二）以走访的形式了解急切需要帮助的个人、家庭和群体，并与他们建立工作关系。

（三）对急切需要帮助的对象进行有计划、有步骤、有效果的心理帮助，同时，继续走访、了解需要帮助的对象。

（四）逐步对整个社区需要心理帮助的对象提供卓有成效的帮助。

随着工作效果的明显，工作的重点逐步从解决问题转向提高心理素质、提升生活质量之上。

（一）合作资源

本项目主要由民政局主导，由南坡子心理关怀项目组主要负责，得到学府花园"仁和服务"、"内蒙古晨报"以及睿联凯舟社会工作服务中心的支持。

（二）项目流程

1. 第一阶段

由内蒙古农业大学的陶格森老师开展讲座，陶老师运用"鸟笼效应""暗示效应""三明治效应"这三个心理学效应，来解释人们在工作、生活、人际、婚姻家庭、亲子关系中发生的心理学规律，进行心理学干预。在举例说明三个效应的过程中，陶老师还提出问题，老人们积极回应陶老师的问题，分别表达出自己的想法以及联系到自己在家庭生活与人际关系中，对三个心理学效应有了一定的了解。社区服务人员和专家老师们给老人们进行了新的定义，"资深公民"承认老人们的智慧，增强自信心，提高他们的心理素质，预防他们因年老而产生无助感，打消他们的消极观念，让他们以乐观积极向上的态度去面对自己的年龄及生活。

2. 第二阶段

此次活动开展的意义在于通过萨提亚治疗模式①的体验使老年人能够学会对自己的消极观念说再见，以积极乐观的态度去面对生活。在刘老师的引导下长者表述了自己的经历。基于长者们的表现刘老师也总结赞扬了长者们，以增强她们的自信心。在第三个环节刘老师开始结合老年人讨论的内容讲解冰山理论②，使老年人对自己所面临的问题有更深的了解，在活动最后长者们以欢快的歌声结束了此次活动。

3. 第三阶段

本次活动是南坡子助老心灵关怀项目组的第三次活动，本次活动中共有9名"资深公民"参与，本次活动目的是教会"资深公民"正确的自我冥想和自我催眠技术。志愿者在活动中采取示范与讲解相结合的方法进行教授。

前半部分主要讲授知识技能，例如，志愿者向"资深公民"讲述冥想的益处、冥想的功能、教会大家把有限的感知转化为无限的爱，学会自我欣赏，消除心灵上造成的压力，开发直觉，发掘大家的潜能，此外还教大家如何建立一个良好的冥想习惯。

后半部分进入传授操作技能环节，"资深公民"在志愿者的

---

① 萨提亚治疗模式又叫联合家庭治疗。家庭治疗是一种心理治疗的新方法，是从家庭、社会等系统方面着手，全面地处理个人身上所背负的问题，其最大特点是着重提高个人的自尊。

② 冰山理论是萨提亚家庭治疗中的重要理论，它指一个人的"自我"就像一座冰山一样，我们能看到的只是表面很少的一部分行为，而更大的一部分内在世界却藏在更深层次，不为人所见，恰如冰山。包括行为、应对方式、感受、观点、期待、渴望、自我七个层次。

引导与示范中学习自我冥想与自我催眠的动作，组内成员积极性很高，积极配合与模仿志愿者的动作示范，志愿者还准确地讲解了适合冥想的环境，冥想的最适当的环境是要脱离现实世界带来的一切干扰，全身心地投入，感受身心的完美融合。

4. 第四阶段

由南坡子心理助人与社会服务中心的刘亚男老师主讲，题目为《从〈绒花〉到〈芳华〉》。此次活动内容主要是以多媒体演示为主，此次活动共有 5 位老人参与，首先刘老师向大家简单展示并解说《绒花》和《芳华》这两部电影的内容，有两位老人之前看过这两部电影，并且依然清晰地知道电影的内容。

其次，在刘亚南老师的带领下，大家一起歌唱电影的主题曲，老人们专心致志、满怀热情地歌唱，并且在歌声中回忆起那个年代的往事，唤起了她们的历史记忆。刘老师联系电影历史背景，回顾历史，建议老人们把电影中的精神联系到实际。

五 "三社联动"机制下政府、企业、社会组织的联动关系

"三社联动"是近年来创新社区治理的一种成功经验概括，主要指社区、社会组织、社会工作三者之间协调发展、良性互动、功能互补，共同促进社区治理现代化的实践过程，也是深化社区建设、培育社会组织、发展社会工作的重要表现形式，通过政府购买政策方式，培育和引进南坡子助老心灵关怀这个社会组织，开展四次活动进行社区心灵关怀服务。此外政府通过购买学府花园仁和物业服务有限公司的服务、进行项目资助，把社区一部分工作任务和工作项目交由符合条件的社会组织（包括社区社会组织），政府通过联系睿联凯舟社会工作服务中心派遣专业督导团队去加强和完善社区服务中心对相关社会组织的指导监

督、指导、帮助、监督相关社会组织保质保量地完成按约定承担的社区工作项目，取得居民群众和参与各方共同受益的良好效果。

学生督导团队在项目实施过程中，充分发挥社会工作者的"督导者"功能，带动社区工作者提升社区治理服务水平。在本项目中政府提供的公共服务，社会组织提供的公益服务，企业提供的商业服务以及社区组织和居民提供的自助、互助服务融合和共享。通过分类便民服务圈、社区读书会、信息化平台等服务融合机制建设，探索了社区公共服务、商业服务以及公益服务融合整合，实现了社区服务的互惠与共享。

（一）政府

优点：政府组织社区党组织、社区居委会通过开展活动培育和支持社区服务组织、发动居民参与等方式，有效动员社区资源，发挥了主导作用，有效实现社区服务资源、行政资源、文化资源在社区层面的对接与融合。

缺点：政府作为联动主体，没有对社会组织和企业足够宣传"三社联动"机制，导致社会组织在实施项目中出现活动目标不明确，活动参与主体单一，应该逐步形成多元主体联动的发展模式。政府、街道办事处在"三社联动"建设中，应当发挥引导作用，推动多元自主治理和社区服务专业化。

（二）社会组织

优点：社会组织广泛参与承接社区服务和事务性管理工作，有效促进了社区减负增效，培育了社区居民的公共意识和公益精神，增强了社区凝聚力和发展活力。培育社区领袖以及社区志愿服务人员，促进社区老年人邻里关系，提高社区福祉。

缺点：目前社会组织在"三社联动"中还存在一些不足：一

是认识不到位，观念落后；二是没有具备动员社区居民的力量；三是能力恐慌，观念不明确。社区层面需要在以下方面进行突破：一是发挥居民的能动性；二是提升居民自治能力；三是与社会组织和社工督导要互动、联动，更要行动 。社会组织在活动中缺乏专业性，活动方式单一，目标不明确，应当建立社区服务多元化供给机制，以社区项目化、专业化、品牌化的方式进行培育和运作。提高社区居民积极性，如果居民缺乏自主意识，那么再好的制度都只是"少数人吆喝，多数人旁观"，因此积极培养社区自组织，创造居民参与的良好社会氛围，将会是社区"三社联动"最有力的保障。

（三）合作带来的好处

在政府的领导下，社区居委会带动社区居民参与社区活动，社会组织为社区居民提供全方位服务，专业社工督导介入社区活动监督和发展。政府通过购买社会组织的社会服务，可以满足市场化服务不愿或不能涉足人民群众日常生活又离不开的服务需求。

六 督导评估

（一）资源评估（人、财、物情况）

1. 人：因为该项目组组织进行的是开放式小组，所以每次参加活动的人数不固定，没有人数限制，但总体趋势是一次比一次人数增加，除了受益服务群体之外，还有项目负责人 2 名、主讲专家 4 名、社区服务人员 2 名、《内蒙古晨报》记者若干、学生督导 5 名参加本项目。

2. 财：活动费用详情如下（见表 1）。

表 1　活动费用

单位：元

项目预算	资金来源	资金种类	金额
		申报公益种子项目活动资金	1000
		自筹资金	310
		其他资金	
		合计	1310
	申报资金预算支出明细	支出明细（直接用于受益对象和社会服务活动的预算）	金额
		（1）交通费	160
		（2）通信费	20
		（3）讲师培训费	800
		（4）教材讲义打印费	30
		（5）版面制作、横幅制作	300
		合计	1310

3. 物：活动场地是由学府花园"仁和服务"提供，所以没有购置消费物品或者租赁场地设备。

（二）活动内容评估

此次项目内容由《漫谈几个心理学效应》、《萨提亚团体活动——和老人的消极观念说再见》、《享受身心的深度放松》、《生命的价值》、从《绒花》到《芳华》五部分内容构成。专家们通过活动解释人们在工作、生活、人际、婚姻家庭、亲子关系中发生的心理学规律，进行心理学干预。通过后期的满意度调查及分享可得知，有80%的老人在活动中受益，乐意接受类似活动并且积极参加，通过五次活动清楚定位自己，打消因年龄而产生的消极定式，重新审视自己，发现自己的价值，并且对家庭关系或者人际关系有了更深刻的理解，领会运用心理学技巧去解决家庭问题或者人际关系问题，此次活动为老人们提供了一个更加认识自己的平台与机会，在优势视角下，让老人发掘并发挥自己的潜能，活出价值，感受生命的洗礼。通过每次活动观察，对长者个体行为进行深入了解，找出潜在风险所在，确定长者的喜好和需求，确认长者的文化，价值观倡导选择自由与独立。

（三）目标评估（认知、情感、行为）

1. 认知方面

通过专家的陪伴、积极关注等措施唤醒老年人的参与热情，将其被动生活态度转为主动生活态度。老年人正确地认识到自己在家庭中的角色，并且重新定位自己的角色，一定程度上解决了老年人在日常生活中产生的孤独感。

通过萨提亚心理课程的心理疏导措施，促进老年人发现自我价值，激发他们发挥余热的热情、积极性。老年人发现自己身上的优点，减少了无用感。

通过个案咨询、家庭治疗等措施，让老年人领悟自身在家庭中的特殊位置，促进其正确认识自己，帮助他们消除种种不合理的需求与动机。

2. 行为方面

通过家庭治疗、个体治疗、授课等形式对老年人的家庭进行干预，促进他们认清各自在家庭里面角色，促进演好各自角色的积极性。通过学习三个心理学效应，老年人能够合理有效地解决家庭中的亲子关系以及人际关系。

通过专家规定、小组规定与提示，老年人养成了很好的时间概念，以及良好的学习习惯，按时来参加活动，刚开始活动时，纪律不是很好，但是通过工作人员多次提醒，老年人开始遵守活动规则，而且在工作人员的积极引导下主动发言，有些不会写字、说普通话的老年人也开始通过自己的方式积极表达自己的想法，当遇到难题时主动找专家咨询。

3. 情感方面

通过此次活动社区老年人更加了解彼此，学会耐心倾听别人的故事，接受来自别人的评价，并且使邻里之间的关系更加融洽，遇到困难一起合作交流意见，共同谈论解决问题的方法，有助于营造社区内的正能量。

七　项目的不足之处

（一）因为老年人作息时间的特殊情况，所以服务机构与老年人时间协调方面出了问题，老年人无法保证准时参加活动。

（二）因为社区工作人员的活动宣传过于单一，很多老人不知道具体活动开展时间，从而导致错过活动。后期我们督导小组提出在社区公告栏上通知开展活动具体时间，提高老年人准时参加活动的概率。

（三）活动方式过于单一，只是采取座谈式的授课方式，没有体验环节，座谈式的方式使老年人提高心理学知识方面的认知，但是很难保证在行为方面得到进一步巩固与改善。

（四）因为是开放式小组，每次活动参与人数不一样，所以在活动过程中很难做出系统的评估，只能通过观察来获取信息，从而评估活动效果。

八　结论

政府和社会组织为在这个项目上开展合作提供了一个新的思考方式，提出合作平台建置的可能性，而这其中又涉及以下需要注意的地方。

（一）社会组织对某一群体提供服务时，可以从纵向细分需求。例如服务的群体是老年人，老年人最基本的需求是政府的责任，需要政府提供公共服务，例如服务孤寡老人、低保户老人等；有些需求可以由政府通过购买普惠性的服务来回应；有些多样化的需求，可能需要服务对象付费。需求细分意味着专业性，清晰的逻辑意味着专业性的体现，例如懂得老人的服务才能细分，才能明晰不同类型老人的需求，老人需要怎样的服务等。

（二）在开展"三社联动"服务工作过程中，充分发挥中心党建引领、社会协同的平台作用，增进双方人员、资源充分对接和落地，通过社区建设、社会组织培育、社会工作体制现代化，开拓资源共享、优势互补、相互促进的良好局面，形成政府与社会之间互联、互动、互补的社会治理格局。

（三）提高社会组织服务的专业性，通过公益创投、项目化运营等方式来创新政府购买服务机制，通过普遍建立孵化基地和社会组织服务中心来促进社会组织，尤其是"草根"社会组织的培育和发展。

（四）引进社会工作专业人才进入社区开展专业服务，有效弥补社区工作人员或者社会服务机构在服务过程中的不足，更好地服务于社区，体现社会工作专业价值。

作者简介

艳丽　内蒙古大学民族学与社会学学院社会工作专业学生。

钦白　内蒙古大学民族学与社会学学院社会工作专业学生。

娜何雅　内蒙古大学民族学与社会学学院社会学系社会工作专业学生。

古恩毕力格　内蒙古大学民族学与社会学学院社会工作专业学生。

陶勒苏　内蒙古大学民族学与社会学学院社会工作专业学生。

8

仁和乐龄长者援助计划

——将有温度的服务送到家项目案例分析

李　宁

一　背景介绍

（一）社区背景介绍

社区是联系和服务群众的重要纽带。在"十二五"期间经过上下各级部门、社区工作人员和社会组织等的共同努力，社区基本公共服务体系建设工作成效显著，推动了社区公共服务的功能发展，有效地回应了社区居民的基本公共服务需求。但随着经济社会的快速发展、社区人员流动频率加大，学府花园社区居民对社区公共服务需求的质量提出了较高的要求，需求的层次也较为多元化，并且随着步入高龄阶段，老人的自理能力逐渐退化，紧急救援、心理干预等特殊养老服务需求逐渐凸显。根据调查结果，社区老年居民对紧急援助服务的需求最高，为86.9%，对居家养老服务也有较高需求，需求比例为76.8%。

（二）机构背景介绍

呼和浩特市仁和乐龄为老服务中心以"为社区居家长者提供舒适自然的生活照护与心灵关爱服务"为宗旨，旨在体现"家文化"的关爱与温暖，倡导自然健康生活方式，做长者生活专业帮手，解决长者生活中的困难及心理上的孤寂，积极应对老龄化过程中出现的各种问题。

仁和乐龄为老服务中心成立于 2015 年 5 月，以"长者之家"服务品牌在水文社区、学府花园社区、富丽社区提供居家养老及社区社工服务，通过政府政策支持及项目实施，针对社区老人个性化需求送去营养配餐、衣物清洗、失能老人助浴、独居老人陪伴等生活援助及心灵关爱服务，鼓励老人建立积极健康生活信心，推广敬老爱老思想，带动社会更多人参与到社区老年问题治理之中，为家庭社会和谐增添一分力量。

二 理论基础：社区照顾理论

社区照顾的提出源于对 19 世纪贫穷法案老年人机构照顾的批评。初期的社区照顾主要应用在心理卫生领域。至 20 世纪 50 年代则突破进入到老年人照顾范畴。宏观的社区照顾指的是由社区非正式网络与正式社会服务机构在属地共同承担有所需求的老年人照顾。仅就目前情形而言，有需求的老人特别是残疾、需长期照顾者是社区照顾的重点对象。

结合我国实际情况，我们必须强调社区养老应当建立在社区照顾网络之下，这个网络包括社区内老年人基本状况和需求状况（通过社区的调查统计实现），社区现有资源包括人力、物力、财力状况以及社区的政策支持（主要是社区内建设如康乐受害者服务站等机构建设）三要素，由此三者形成的节点促使社区养老成为惠及大众的养老方式，而这三个要素是在多种形式的服务的工作中交叉共建的。

具体来讲，社区养老可以提供的服务包括：

1. 生活料理：包括保洁、烧饭、洗衣、购物、缴费、缝补裁剪等；精神方面的照顾，比如谈心，排解特别是独居和"空巢"老人的寂寞感。

2. 医疗卫生服务：为社区老人提供定期的身体检查、进行必要的医疗救助，帮助老人支付全部或者大部分医疗和医院费用。

3. 体育娱乐：在社区内组织适应老人参与的各项活动，免费向老人开放社区内体育休闲设施，降低商业娱乐设施的费用，如电影院等。

4. 忧伤咨询：为存在心理问题的老人进行专业的心理咨询和服务。

5. 数据统计：全面调查和掌握本社区老年人状况、需求。

三 问题分析和需求分析

在服务开展前，社会工作者对社区内进行了走访，通过问卷和访谈等方法对服务对象的问题和需求进行了整理和评估，并通过评估最终确定了使用社区照顾模式来为社区内的服务对象提供服务。本次项目的服务人数为 10 人，均为独居老人和失能、半失能老人。

（一）服务对象的问题

1. 生活料理问题

随着年龄增长，老年人的健康状况不容乐观。特别是独居老人，生理机能的下降导致他们日常事务往往力不从心。身体有"三高"疾病的老人饮食大都不合理，因为没有家人的照料，吃饭经常凑合；有的老人因年事已高或者身有疾病而行动不便，自行外出就医体检、洗浴等成问题；有些失能、半失能老人虽然有人照料，但因为没有正确照顾这样老人的经验，在帮助老人擦浴方面力不从心。

2. 心理健康问题

服务对象大都是独居或失能、半失能的老人，通常在家无人陪伴说话，其子女又疏于探望，失能、半失能老人虽有人照料，但是这些老人经常心扉紧闭，极度缺乏心理安慰。心理问题成为这些老年人的普遍问题。

（二）服务对象的需求

社区内的服务对象普遍具有以下几个需求。

1. 老有所助

满足老年人在生活料理、整洁生活方面的生活需求。

2. 老有所医

满足老年人疾病医疗等健康方面的需求。

3. 老有所爱

满足老年人在亲情伦理和情感生活方面的需求。

四　资源评估

我国民政部在 2016 年 12 月出台的《社区社会工作服务指南》中指出，社区社会工作具有多方联动的作用，社区社会工作者应在社区党组织的领导和社区居民自治组织的指导和支持下，运用社会工作专业理念和方法组织引导相关社会组织、驻社区单位、志愿者和社区居民等多方力量参与，支持社区治理工作。此外，习近平总书记在十九大报告中指出社会工作专业人才队伍是加强和创新社会治理的重要角色。充分发挥社会工作专业人才队伍在社会治理中的积极作用，有利于实现社会治理专业水平的提高。

2017 年度呼和浩特市社会组织评估工作由市民政局委托给第三方机构组织（睿联凯舟社会工作发展中心）实施，本次项目由睿联凯舟社会工作发展中心作为第三方发起的，出面向呼和浩特市仁和乐龄为老服务中心购买服务，项目资金为 1000 元，由机构专业社工、专业服务人员及志愿者完成实施。

（一）政府的角色及优劣势

项目开展过程中，政府发挥了巨大的作用。政府委托第三方开展工作，而政府本身提供资金支持，在其中政府扮演了发起者和倡导者的角色，在宏观的社会政策的大背景下，政府确定宏观的发展思路，在提出倡导之后，政府又扮演管理者的角色整合规划社会资源以保障项目的顺利进行，在项目的实施过程中，政府又扮演了监督者的角色，政府向第三方购买服务，并不会参与到具体的工作中，但是会从第二方的监督角度对社区、社会组织、社会工作者的行为进行监督，以保障服务效果。我们的服务都是通过政府购买完成的，但是款项并不会一次性付清，在服务完成后，政府组织第三方（睿联凯舟社会工作发展中心）对服务进行评估，如果达到目标要求，政府会付清尾款，如果没有达到要求，政府则会认定服务失败，不会付款。政府通过这种方式来促进机构提高服务的效率，保障服务的有效性，这也是对服务的一种监督手段，政府在这里不仅扮演了一个倡导者的角色，还扮演了监督者的角色。

政府作为倡导者和发起者，对机构进行政策和资金支持，促使机构能够有效开展服务，对机构来说，这是一个强有力的支撑，为开展服务提供了很大的帮助，有了资金机构才能正常运行，有了政策支持，机构才有机会走进社区为服务对象开展服务，这是主导性的。

但是政府作为监督者，监督手段显得有些单一，靠最终的结果评估未免有些片面，社会工作是对人的服务，它的效果需要较长时间的体现，服务对象的改变也不可能是全方位的，需要政府全面对机构服务进行评估，不要以偏概全。

（二）机构的角色及优劣势

机构作为服务的直接提供者，由全职的社会工作者提供服务，对服务对象的需求比较了解，通过前期的入户调研等和服务对象建立了初步的关系，之后开展服务的对话服务对象比较能够接受。而且是专门的为老服务机构，在提供为老服务方面比较专业，所提出的服务项目都是符合老年人需求的，在开展服务的时候也会比较有效率。

但是由于呼和浩特市的社会工作处于起步阶段，一切都在孵化和培育的过程中，机构的社会工作者大都是没有社会工作教育背景的，他们在开展服务的过程中可能会有一些专业价值理念的缺失，达不到想要的服务效果。

（三）企业的角色及优劣势

本次项目的开展过程中，有一名理发店的理发师给有需要的服务对象开展服务，理发师的服务是免费的、自愿的，理发店作为服务的参与者为这次服务提供了很大的支持，使得计划能够正常有效地开展，能够很好地解决服务对象的需求。从中可以看出，企业的参与会帮助社会工作者解决一些不属于社工的专业的问题，理发师的加入大大壮大了服务团队。

但是企业的参与力度还是很低，如果是短期的服务，他们会比较愿意参与，长时间的服务他们就不愿意接受。另外，他们更多的是宣传自己的品牌，如果社会工作者不能为他们进行宣传，他们不愿意参与其中。

（四）社区的角色及优劣势

社区作为本次服务的支持者，社会工作者从社区工作者处得到了很大的支持，前期的入户调研都是社区工作人员带领工作者去的，有他们的介绍和引荐，服务对象对工作者的信任度大大提高，而且他们对服务对象的情况有很深入的了解，通过他们，工作者可以尽快掌握服务对象的情况，更高效地开展服务。

社区之前也会为老年人提供一些服务，但是没有专业人员的指导和帮助，他们的服务效果不是很理想，所以社区应该加大和社工机构的合作，由专业的社会工作者开展服务，社区提供一些必要的支持。

五　服务计划

（一）确定服务目标

"仁和乐龄长者援助计划"项目活动为学府花园社区的 10 名老人提供服务，在项目开展的过程中，社会工作者运用社区照顾模式，充分挖掘社区资源，运用社区人际关系资源开展服务。"仁和乐龄长者援助计划"旨在让服务对象不脱离自己所生活和熟悉的社区环境，在本社区内接受服务。社会工作者和专业服务人员带领志愿者上门为服务对象提供助浴、理发、营养助餐、陪同外出体检的服务，满足服务对象的基本居家生活需求，丰富他们的物质生活和精神生活，鼓励和支持老年人用积极的心态去面对生活中的问题，提升其生活质量。

（二）确定社会工作者和服务对象

呼和浩特市仁和乐龄为老服务中心社会工作者在开展"仁和

乐龄长者援助计划"时，指定机构两名专职社工负责这次项目，并邀请三名专业服务人员和在社区内招募四名志愿者，为学府花园社区内10名独居或失能、半失能的老年人提供服务。其中一名社工带领营养配餐人员上门一对一地向独居老人教授一些简单的营养配餐知识并为老人做一顿营养餐，一名社工带领理发师和助浴专业人员为失能、半失能老人提供助浴和理发的服务，并教授家属一些日常照料的技巧，志愿者陪同有需要体检的独居老人外出体检。

（三）确定介入策略和工作方法

实施"仁和乐龄长者援助计划"时，根据前期的调查情况，社工运用家庭访问的方法，与10位独居和失能、半失能老人建立良好的专业关系，提供专业服务。项目服务由助浴、理发、营养助餐、陪同就医四个子项目构成，活动周期为12天。项目开展过程中，社工负责制订活动方案、指导志愿者工作并配合专业人员为服务对象提供相应的服务。"仁和乐龄长者援助计划"通过社区照顾模式为社区独居和失能、半失能老人提供服务，并在服务结束时赠送每位老人《老年居家照料及营养饮食指南》一书。

（四）预计困难和解决办法

1. 失能、半失能老人及家属对社会工作者的介入表示冷漠和怀疑，社会工作者不受欢迎，服务对象不愿意接受服务。解决办法：社会工作者耐心地和服务对象及家属沟通，用真诚的语言和行动打动服务对象及其家属，使他们理解并了解此次服务内容，并且接受服务。

2. 独居服务对象由于行动不便，有孤独感等，对社会工作者有一定的依赖性，他们觉得提供一次服务太少，从而觉得失落和无助。解决办法：社会工作者耐心地和服务对象解释此次服务内容，和服务对象建立专业的服务关系，在服务结束时协助服务对象处理好离别情绪。

（五）预期效益

1. 生活上，从不健康的生活到健康的生活。原本服务对象因独居无人照料，行动不便，很少外出参加活动，三餐不合理、不定时、营养搭配不合理且经常吃隔夜饭。开展项目时，社会工作者让专业营养搭配师为服务对象做饭并提供健康饮食指导；让社工陪同服务对象去体检就医，让专业人员为失能、半失能的老人提供擦浴、理发服务并提供专业指导，使得服务对象的生活变得健康。

2. 心理上，从孤独变开朗。有些老人因行动不便、无人照料等，心理孤独，难以与人交流。开展项目的过程中，通过专业人员和志愿者上门服务时进行交流、扩展他们获得资讯的渠道、提供倾诉平台等方式，促使服务对象能够走出孤独，乐观生活。

六 计划实施过程和目标达成情况

（一）计划实施过程

根据制定的目标，本次运用老年社区照顾模式开展"仁和乐龄长者援助计划"，共设四个子项目，具体如下。

子项目一。助浴服务，即由一名社工带领一名擦浴专业人员为社区内两名失能、半失能老人进行床上擦浴，并提供助浴技巧，服务时间为4月18日到19日。通过此项服务让服务对象感受到关爱，并解决其由身体不便而带来的生理卫生的困难，让服务对象及家属了解助浴技巧，使服务对象健康生活。

子项目二。理发服务，由一名社工带领一名理发师为社区内两名需要理发的失能、半失能老人理发，服务时间为 4 月 20 日到 21 日。通过此项服务让服务对象感受到关爱，并解决其生理卫生的需要。

子项目三。营养餐助餐服务，由一名专业营养人员为三名具有"三高"疾病的独居老人制作营养餐，并提供营养搭配指导，服务时间为 4 月 22 日到 25 日，服务地点是服务对象家里。通过此项服务让服务对象了解营养配餐的相关知识和技巧，在以后的日常生活中运用营养搭配就餐，健康生活。

子项目四。陪同就医服务，由一名社工陪同有需要就医体检的三名独居老人去医院体检就医，服务时间为 4 月 26 日到 30 日。考虑到独居老人行动不便，有陪同体检的需要，解决服务对象独自外出困难的问题。

对以上 10 名服务对象均赠送《老年居家照料及营养饮食指南》。

（二）目标达成情况分析

项目目标。①计划达成：2018 年 4 月 18 日到 30 日，计划服务人数为 10 人，根据需求分别提供助浴服务、理发服务、营养助餐服务和陪同体检服务。②实际达成：按照计划逐一完成，但是没有需要助浴服务的老人，所以没有提供助浴服务，最终完成理发 2 人，营养助餐 3 人，陪同体检 7 人，家政服务 1 人，共 13 人。

七　效果评估

"仁和乐龄长者援助计划"在社会工作者的积极协调和密切配合下，在项目团队的精诚的合作下，顺利完成了各方面的工作，按时完成了工作计划，充分体现了助人自助的服务理念。

在项目开始之前，社会工作者的准备工作做得很充分，结合机构自身的特色，在选择项目时选择了社区老年人服务，最终在社区内确定了服务对象，并在最短的时间内完成了项目书的撰写，明确了每个成员的分工，让成员在后续的工作中有章可循。不仅如此，团队成员多次开例会熟悉项目书，多次明确分工，确定任务，规划预算，使得经费预算和实际支出一致，计划达成目标与实际达成一致。

项目开展时，项目团队首先入户做调研评估，确定服务对象的需要以及与服务对象建立初步的专业关系，介绍这次服务的内容，并得到服务对象的许可，与之确立最终的服务时间。之后团队成员按照计划逐步入户做服务，在服务的同时，社会工作者还陪服务对象聊天，排解他们的寂寞，成效很好。在服务过程中，服务对象都表现出很高兴的样子，对服务的接受度很高，也有想进一步接受服务的意愿。团队成员在此过程中不仅基本上完成了计划，还学到了很多东西，例如如何与老人聊天、什么样的服务老人更愿意接受等，为他们以后的工作奠定了基础。

项目结束后，团队成员做了综合评估，成员们思考更多的是在服务过程中服务对象得到了怎样的提升，团队成员在此过程中学到了什么，得到了怎样的成长，机构的能力是否得到提升。

综合评估后，我们发现服务对象对本次服务的满意度很高，并且有继续接受服务的意愿，他们的生活观念也发生了转变，开始学习营养配餐等，幸福感也得到很大的提升；团队成员和机构在此过程中也得到了成长，知道以后的工作内容应该侧重老人的需求，提升他们的生活质量。

希望通过本次项目的实施，发掘社区内更多的可用资源，为更多的独居老人和失能、半失能的老人提供服务，满足他们的日常需求，让他们得到社会各方面的关心和关注，进一步提升他们的晚年生活质量。也希望社会工作者今后努力工作，营造社区和谐发展氛围，让广泛开展公益事业，服务更贴近社区居民生活。

八　专业反思

虽然呼和浩特市仁和乐龄为老服务中心是为老年人开展服务的专业机构，但这是第一次运用社区照顾模式开展"仁和乐龄长者援助计划"，这对团队成员来说是一个挑战，在项目实施的过程中团队成员虽然得到了成长，但也遇到了许多困难。

（一）为失能、半失能老人提供服务前首先要做好风险评估和应对方案

失能、半失能老人由于长期卧床，生理机能各方面都很脆弱，在为老人擦浴时很容易就因为翻身等问题而引发危险，比如骨头断裂等，面对这样的服务对象，我们必须要做好风险评估，在入户做调研评估时项目成员首先要介绍服务内容并交代预期风险，得到服务对象及家属的同意后再继续开展服务，在为老人进行擦浴时，必须确保有家属在场协助，服务过程中，如老人感到不适，应当立即停止擦浴，并采取适当的医务措施。

（二）注意处理离别情绪

当项目成员在为服务对象开展服务时，服务对象感受到了关怀和关爱，因此对项目成员产生了依赖感。这时需要成员很好地处理老人的离别情绪。专职社会工作者因接受过专业的训练，面对这种情况时比较容易解决，但是志愿者和其他服务人员处理起来比较困难，在开展服务时，他们与服务对象的专业界限模糊，容易形成亲密的朋友关系。所以在项目开展前，专职社会工作者应该适当对志愿者和其他服务人员进行培训，告诉他们应当怎样建立

专业关系和处理离别情绪，尽量为服务对象提供专业的服务。

（三）促进由政府主导的企业、社工机构和社区之间的合作关系

一个项目的开展和实施并不是一个机构的事情，它是靠多方面的支持和合作共同完成的。政府应该重视和支持社会工作的发展，在政策和资金上给予社会工作的发展，企业也应该承担一些社会责任，对社会工作给予更多的支持和关注，社工机构应该积极促进自身的发展，加强自身的服务能力，促进社会对社会工作的认识和认可，社区是承载居民的载体，有了社区的支持和帮助，社会工作者的服务方能有效开展。所以促进政府主导的多方合作关系很重要，协调各方利益关系、发挥社工机构独特的优势，是今后社会工作者进行工作的一个重要方面。

九　项目亮点

疾病日常照顾问题、日常生活照料问题和心理与情绪疏导问题是社区照顾中被照顾的老年人所面临的三大主要问题，也是社区照顾中的老年人的三大主要需求。在本案例中，社会工作者前期通过对社区的调查分析确定了社区独居老人和失能、半失能老人日常饮食问题、生活料理问题和心理健康问题，并根据这些问题确定最终的服务对象，并根据需要开展了助浴服务、营养助餐服务和陪同就医服务，并且在服务过程中也对服务对象的心理进行疏导，排除其寂寞感与无助感，基本回应了老年人的三大需求，全面覆盖了社区照顾老年人的主要服务内容要求。

对于社区照顾中实际服务的开展，应该结合老年人的身体健康情况以及他们的根本需求来开展具体服务，因此前期的调查是必不可少的。关于这点，项目成员做得很好，在项目开展之前对

社区做了充分的调查，并且和社区负责人建立了良好的关系，基本了解了初步服务对象的情况以及他们的需求，从而依据每位老人的不同情况开展服务，更加贴合老人的需要。本案例中，针对独居有"三高"疾病的老人提供营养助餐的服务，很好地解决了老人的需求，一定程度上也为服务对象减轻了疾病的困扰，提升了他们的生活质量；针对失能、半失能老人的日常料理问题，提出助浴服务，满足了服务老人的助浴需求，并且还教授其家属日常照料技巧，帮助缓解他们在日常照料中的困难等，虽然没有在实际工作中完成，但有这方面的理念和行动，相信在以后的工作中会开展得很好。

社区照顾还应当建立社区照顾网络。对于老年人而言，个人的照顾网络包括邻居、朋友、家人等，群体的照顾网络除此之外还包括志愿者组织、义工、老年人互助小组、政府相关机构、社会团体和社区组织等。所以在针对老年人开展的社区照顾中，应充分调动社区以及各方面的资源，构建社区照顾网络。在本案例中，社会工作者在项目开展前在社区内招募了志愿者，组成志愿者服务团队为服务对象提供服务，调动了社区内的人力资源，但是在调动物力方面还有所欠缺，例如社会工作者可以和社区医院建立关系，以满足服务对象的就医体检需求。

本案例中项目的开展机构得到了政府、理发店、社区和作为第三方的睿联凯舟社会工作发展中心的大力支持，所以服务才能有序进行，按计划完成，机构工作人员在协调各方利益关系和整合资源方面发挥了很大的作用，虽然还有一些方面存在不足，但这对今后的工作依然起到很大的借鉴作用。

作者简介

李宁　内蒙古大学民族学与社会学学院 2015 级社会工作专业学生。

9

关爱老人·12349 紧急救援让您安全出行

包高娃　杨雪慧　袁紫琳

一　背景介绍

（一）宏观背景

2010 年第六次人口普查数据显示中国 60 岁以上人口达到 1.78 亿人，老龄化率是 13.26%。2015 年我国 60 岁以上老年人口达到 2.22 亿人，老龄化率进一步提高到 16.1%[①]。据预测，到 2050 年我国老年人口几乎占到全球老年人口的 1/4[②]，我国成为世界上人口老龄化严重的国家之一。空巢老人、独居老人数量也越来越多，如何保证老年人的独居安全，满足老年人需求，成为国家和社会组织很重要的任务。

（二）生理变化

人体随着时间的推移，发生生物学意义上的改变，这是人所

---

① 夏艳玲、刘中华：《中国城乡老年人的经济福利对抑郁状况影响研究》，国家统计局统计科学研究所，2018。
② 赵辉：《老龄化对我国养老保险支出的影响》，南京大学硕士学位论文，2017。

共知的衰老，不会被视为病理现象，正常的衰老过程也不会被看成是疾病①。但是在衰老过程中，老年人的身体机能、免疫系统，以及身体组织细胞也处于衰退的状态，这个过程中可能会产生病理性的变化，使得老年人患有急性疾病，影响老年人的身体健康，没有及时的救助方法可能会威胁老年人的生命。因为疾病缠身或者怕出现危急时刻，一些老人可能会觉得身体成了囚禁他们的监狱②。老年人没法出门、不愿意出门会使他们逐渐丧失与社会接触的机会，逐渐与社会脱节。如何保障老年人外出的安全，或者在发生意外的时候提供紧急救援，显得尤为重要。

二 需求评估

（一）个体需要

依据呼和浩特市社会组织创新服务基地关于《呼和浩特市赛罕区大学西路街道社区需求评估报告》最新调查结果：紧急救援服务、社区互助服务分别以 73.9% 和 58.6% 的需求率，居于社区大众养老服务和社区特殊养老服务需求首位。

12349 便民为老服务中心在 2016～2017 年度社区服务中调查发现，60 岁以上老人衰老现象日渐明显，身体健康状况逐渐下降，自理能力逐渐减弱。老年人危急病人所常见的病症主要包括：休克、呼吸衰竭、慢性支气管炎、支气管哮喘、高血压、心力衰竭、心律失常、心绞痛、冠心病、低血糖、过敏性疾病、肿瘤、跌倒、老年痴呆、抑郁症、帕金森病、骨质疏松症、颈椎

---

① 迪特里克：《老年人社会工作：生理、心理及社会方面的评估与干预（第二版）》，隋玉杰译，中国人民大学出版社，2008。
② 迪特里克：《老年人社会工作：生理、心理及社会方面的评估与干预（第二版）》，隋玉杰译，中国人民大学出版社，2008。

病、腰椎病等疾病。

老年人的生活质量受到健康和疾病的影响，生活质量开始逐渐下降，对于上门帮扶服务、紧急救援服务的需求显著增加，尤其失智老人的家庭，往往还有着沉重的家庭经济压力，子女忙于工作无法时刻照顾老人的情况也很常见。由此，有一款紧急救援服务终端能够提供主动和被动救援服务，让子女在工作的同时也能了解老人的动向，成了很多失智老人以及有行动不便老人家庭的迫切需求。

（二）机构资源

12349 便民为老服务中心是由民政部门批准成立的公益机构。中心坚持"政府主导，社会参与，市场运作，老年人受益"的发展方向和运营思路，依托 12349 呼叫中心、居家养老信息化服务系统、一键通关护服务系统、电子商城、社区 O2O 服务体系、社区便民服务窗口和慈善超市等设施网络，以社区为中心整合社会资源，为居家老人与社会大众提供紧急救助、生命帮助、主动关怀、健康管理、电子商务等便民为老服务，建立标准化、专业化亲情化、全方位、全天候的居家养老服务机制，形成"互联网+民生""互联网+安全""互联网+智慧养老"等业态，打造没有围墙的养老院与便民生活服务圈。中心的服务宗旨是助老、便民、乐居。中心服务理念是用心服务、用爱经营。中心服务方式是政府购买服务、志愿者公益服务以及企业加盟市场化服务。

三　资源提供

（一）政府

在经济转型过程中，政府不再是一手包办任何事情。在"小政府，大社会"的背景之下，更多的社会服务是由社会服务组织来承办的。政府在政策实施、资金支持、效果监管等方面发挥重要的作用，是提供服务的强有力的后盾保障。12349便民为老服务中心是由民政部门批准成立的公益机构，在12349社会服务组织发展中要接受政府的监管。为更好地服务于老人，满足老年人的需求，政府购买了12349便民服务中心的"一键通"手机，"一键通"手机是当使用者出现紧急情况时可通过SOS紧急求助健直接拨打12349热线，中心工作人员接到救助电话后可以及时联系使用者的监护人，并根据现场情况直接联系110、120或者119等部门，让使用者得到及时的救助。

在政府的主导下，12349便民为老服务中心可以更好地与120、119或者110等相关部门合作，12349便民为老服务中心为老年人与相关部门提供了更快的交流平台。在项目实施过程中得到政府的资金支持，可以更好地完成项目实施。政府对项目实施完成情况的评估可以促进12349便民为老服务中心更有效合理地进行手环以及"一键通"手机的发放。

（二）市场

市场的引入可以促进服务效率的提高，使得服务突出更明显的效果。国讯富通为12349便民为老服务中心运营提供了相关技术支持，可以保证服务组织更好地达到自己的服务目标，在运营的过程中，可以发现相应的问题，促进国讯富通技术的进一步完善。12349便民为老服务中心在项目中发放的"绿手环"是由联通公司赞助的，12349服务组织可以减少物资购买费用，这也是对联通公司声誉的一个传送。

（三）社会组织

呼和浩特市睿联凯舟社会工作发展中心在这个项目的实施

中，提供了一个平台，连接服务人员。对 12349 便民为老服务有一个专业上的督导，对其项目进行孵化与培养，使得服务专业化。在为老服务中，12349 便民为老服务中心提供了自己的人力资源以及平台建设。在老年人遇到危机的时候，12349 便民为老服务中心在得到请求救援的信号后，可以及时准确定位，连接附近相关的 120、119 以及 110，再通知其家人，使得老人得到最及时的救助。

在为老服务中，政府、市场以及社会服务组织都发挥了相应的作用，相互配合，为老年人提供更好的服务。

四 行动方案

（一）项目实施过程

1. 实施准备阶段

"关爱老人·12349 紧急救援让您安全出行"公益项目作为申报参与呼和浩特市社会组织创新服务基地的第一批公益种子项目之一，2018 年 4 月 12 日，在呼和浩特市赛罕区前进巷社区统一召开了第一次预备会，与申报公益项目的社会组织进行沟通；2018 年 4 月 14 日，呼和浩特市睿联凯舟社会工作发展中心与参与公益种子项目的各社会组织签订公益种子项目服务协议，并同内蒙古大学 2015 级社会工作专业的部分学生一同开展第二次预备会。

在第二次预备会中，作为督导的内蒙古大学 2015 级社会工作专业学生首次同需要督导的社会组织建立了联系。社会工作专业学生通过 12349 便民为老服务中心的负责人白中平女士了解到 12349 便民为老服务中心此次申报项目的具体内容与项目流程。

2. 实施中间阶段

（1）活动前期：在项目开展前，12349 便民为老服务中心对前进巷社区的老人的服务需求进行了评估。

2018 年 4 月 24 日，12349 便民为老服务中心的工作人员在前进巷社区贴出宣传海报、宣传单，为项目开展宣传预热。

（2）活动中期：①建立信息档案（包括姓名、身份证号码、联系方式、现住址、所属社区、监护人姓名、监护人联系方式、老人常见病史等基础信息）；②发放紧急救援服务终端（生命"绿手环"和"一键通"手机）；③为老年人办理 12349 紧急救援终端的定位 SIM 卡；④宣讲终端的使用，进行服务保障；⑤负责 12349 救援热线的日常运行。

3. 实施后期：12349 便民为老服务中心在 2018 年 5 月 4 日为老人发放"一键通"手机，并及跟踪相关相信，评估活动的效果。

（二）政府、市场、社会服务组织的互动

整个项目中，政府作为购买方，为 12349 便民服务中心活动的开展提供了一定的资金，支持项目的完成。项目开展需要的"绿手环"由联通公司赞助，后期的运营是依靠国讯富通的支持。在项目实施的过程中，呼和浩特市睿联凯舟社会工作发展中心对 12349 便民服务中心提供了相关的培训与督导，为活动的开展提供相应的活动场地以及工作人员。

五　项目亮点

（一）活动的开展聚焦于社区需求

依据呼和浩特市社会组织创新服务基地关于《呼和浩特市赛罕区大学西路街道社区需求评估报告》最新调查结果：紧急救援服务、社区互助服务分别以 73.9％ 和 58.6％ 的需求率，居于社区

大众养老服务和社区特殊养老服务需求首位。根据调查，12349 便民服务中心聚焦于社区老年人最迫切的需求，提供相应的服务。

（二）连接相关资源

12349 便民为老服务中心为老人发放的"绿手环"是由中国联通提供，在此次活动中自筹资金 2000 元，在服务资金有限的情况下，充分发挥了社会服务组织可以充分利用社会资源服务对象的优势，为服务对象提供了更好、更有质量的服务。

六　总结

"关爱老人·12349 紧急救援让您安全出行"活动通过社会组织、政府、企业以及社会工作者的合作，整合各种人力、物力、财力等资源共同协作，服务社区的老年群体，促进了社区的良性发展。

在整个项目实施过程中，12349 便民为老服务中心的工作人员保持着对社会工作认真、严谨的态度，及时完成所需要的准备与任务，对老人认真负责，对督导的建议认真听取。在活动过程中使用社会工作实务技巧注意倾听和表达，关注每一位老人同理及情绪处理，尽量关注到每一位老人等；运用了与紧急救援相关的专业知识，促使项目成功进行。在项目开展的过程中，也赢得了老年人的肯定与赞赏。

这次活动举办地点选择在了呼和浩特市赛罕区前进巷社区，因此在活动举办的整个过程中受到了在此社区入驻的呼和浩特市睿联凯舟社会工作服务中心所提供的便利，如活动场地的提供、活动物资（如桌子、椅子等）、活动宣传、服务对象的选择和服务对象的招募等方面的协助。让我们有了足够的信心为社区老年人宣传讲解本次活动目标和内容，并顺利开展活动。也因为睿联凯舟社会工作服务中心曾在此社区连接资源，举办活动，取得良好的效果，我们的活动现场服务对象人数较多，现场气氛和谐，故电子信息档案的建立和发放紧急救援服务终端等活动展开顺利，达到了预期的活动效果。

此次项目共发放生命"绿手环"60 枚，"一键通"手机 7 台，基本达成项目目标。在活动结束之后，工作人员以及督导对于这次活动的相关问题进行了交流，并针对其中的问题进行了讨论，提出相关建议，此次活动基本圆满结束。

作者简介

包高娃　内蒙古大学民族学与社会学学院 2015 级社会工作（蒙授）专业学生。

杨雪慧　内蒙古大学民族学与社会学学院 2015 级社会工作专业学生。

袁紫琳　内蒙古大学民族学与社会学学院 2015 级社会工作专业学生。

10

爱暖旧巢，安享居家生活

——居家环境适老化改造的个案分析

马嘉琪　乌日那　金明慧

一　背景简介

（一）宏观背景介绍

1. 人口老龄化

人口老龄化是老年人所占人口总数的比例超过一定限度所形成的一个动态过程。当一个国家或地区 60 岁及以上的人口占总人口的比重达 10%，或 65 岁及以上的老人占总人口的比重达 7% 时，该国或地区则进入老龄化社会①。中国于 21 世纪初进入老龄化社会，并呈现老龄人口数量大、进展速度快、发展不均衡等特征。因此，当前中国老年群体的身心健康、居家安全等问题越来越受到社会的关注。

2. 居家养老与"互联网＋养老"

居家养老在近年来被大力提倡，"互联网＋养老"的模式也

---

① 丁玉龙：《农村人口老龄化与城乡收入差距》，《华南农业大学学报》（社会科学版）2018 年第 1 期。

发展起来。为促进居家养老的高品质、便捷化，越来越多的高科技产品被用于居家养老，这是当前养老行业的一个发展趋势。

（二）问题的提出与界定

1. 社会存在与事实

当前中国社会"未富先老"，随着居民生活水平的普遍提高，越来越多的老人步入"高龄"阶段。老人们往往认同"落叶归根"的想法，希望在家中安度晚年。中国文化情境提倡敬老、孝老，因此关注老人的身心健康与他/她们可能面临的问题是必要的。

在一些条件较差、房屋老旧的社区，老人对适老化改造的潜在需求更加明显。年代久远的房屋容易给老人的生活造成不便，比如地板太滑、地面不平整等现象容易使老人面临摔倒、被绊倒等风险；陈旧的洗浴设施存在安全隐患；家具的棱角易使老人被撞伤……诸如此类的因素往往给老人的日常生活带来困难，而老人的生活状况也会受到一定程度的影响。

社区的独居空巢老人群体也面临着来自身心方面的压力：其一，老人独居时易发生某些意外事件，"磕磕碰碰"在所难免，这给老人日常的生活带来一定的挑战；其二，独居老人与亲人之间的联系普遍较少，老人的孤独感很明显、心理压力较大。以上两点可以说是独居空巢老人面临的普遍问题。从社会学的视角来看，问题不仅仅在于老人自身的状况，更为重要的是，它与社会的客观存在紧密联系。老龄化加剧，现代社会人们的生活节奏加快、工作压力大以至无暇顾及老人等社会事实可被认为是问题产生的原因。而"问题"的产生是与"正常"的情况相对的。一般情况下，非高龄独居空巢老人在家中发生意外状况的概率普遍小于高龄独居空巢长者。后者在家中发生意外情况被界定为"问题"，是社会建构的结果，而问题的界定者是关注问题本身的群体，其中很重要的工具是语言。

2. 社区存在的"问题"

内蒙古农业大学社区内的老年人有很大一部分是学校的教师及其家属，在入户访问的过程中我们发现社区内有很多较为破旧的单元房，如此的居住条件可能会给居住在此的长者带来较大的影响。社区中一部分高龄独居空巢老人的子女因忙于工作、照顾家庭等无法及时照护老人，而老人恰恰需要的是家人、同伴等重要人士的关爱与照顾。

当老人一人在家、无人照顾时，很可能会因为身体机能的下降、心理情绪的失调而出现某些意外。如今很多老人会依靠政府的资助，目前很多适老化的实践也是由政府直接主导的。如今社会组织可以发挥自身的力量来开展此类项目，以回应这种真实存在的需求，它可以开展较为专业的服务促进居家养老的发展。

内蒙古农业大学社区的部分高龄独居空巢老人面临居家环境老旧、存在安全隐患而不适宜居住的情况，同时他们经受着孤独，由此，他们很可能对居家环境适老化改造有所需求。由于社区中很多老人都处于如此的境遇，也缺乏规避风险的意识，所以发生某些意外情况是比较常见的。对此，我们认为不仅要将着眼点聚焦于解决问题——提升老人在家的安全度以及减少老人的孤独感，还应做出一些预防措施，未雨绸缪。

二　居家适老化的需求评估

（一）需求的界定与分析

根据相关资料，在老年群体对居家养老服务的需求方面，"非常需要"和"比较需要"的占比很大，约占66%。随着老年人步入高龄阶段，其日常生活自理能力有所减退，紧急救援、心理干预等特殊养老服务需求逐渐增多。据相关调查结果，社区老年居民对紧急援助服务的需求最多，需求比例为73.5%。因此，有必要先从社区开展对老年人的紧急援救服务，以满足老人的紧急需求。

参照《北京市老年人家庭适老化改造需求评估与改造实施管理办法（试行）》，可评估的内容包括身体状况评估、康复辅助器具评估、居室环境评估、家庭成员评估和政策评估。

1. 身体状况评估（老人近期做过的身体状况评估结果可供参考）

（1）日常生活能力评估：包括进食、修饰、穿衣、洗浴、如厕、机体活动能力评估等；

（2）感知觉评估：包括视力、听力方面评估等；

（3）精神状态评估：包括认知能力、攻击行为、抑郁症状评估等；

（4）已确诊疾病及意外事件评估：包括现病史（含皮肤状况）、既往病史、跌倒、噎食评估等；

（5）行为习惯：包括兴趣爱好、锻炼活动、社会交往意愿及能力评估等。

2. 康复辅助器具评估：包括助餐辅助、助行辅助、如厕辅助、洗浴辅助、感知辅助、康复辅助、照护辅助等辅具需求情况评估等。

3. 居室环境评估：包括客厅、卧室、厨房、卫生间、书房、阳台区域评估等，确定居室环境是否具备改造施工条件。

4. 家庭成员评估：包括家庭成员状态评估、有无照护者、照护内容、照护时间等内容，确定相关改造项目是否适宜于家庭使用。同时还要征求家庭意愿，包括老年人本人及其家庭成员的主观意愿、客观意愿等内容，确定是否选择相关改造项目。

5. 政策评估：包括老年人当年应享受的养老政策类型、已享受的养老政策等内容，重点评估在适老化改造中应该享受的政策补贴类型与标准。

在项目回访的过程中，老人表示希望家中能够改变的地方有：

（1）厨房的地面：地面不平整，易使老人跌倒、被绊倒；

（2）洗澡不方便：洗澡一般得等女儿在家的时候，一般不会单独一人洗澡；

（3）卧室隔音不良：老人总是在睡觉时被客厅的声音吵醒；

（4）洗衣服不便：卫生间洗衣机使用不便。

老人的表达中涉及的四个问题可以被界定为老人的潜在需求。老人的家中环境、生活条件不错，她居住的房屋是20世纪80年代建造的，房屋显得比较陈旧。老人对自己的日常生活并没有特别的要求，但她希望自己的生活能更加安心。老人长期患糖尿病，经常感觉腿软，所以她对扶手之类的设施有很大的需求。

（二）相关方可提供的资源

项目涉及的主要相关方有：政府、呼和浩特市赛罕区孵化基地、睿联凯舟社会工作发展中心、宜家助老爱幼社区服务中心、内蒙古沃尔德机电设备有限公司。

对于居家环境适老化改造的项目，社会服务机构可以作为主体开展、主持适老化改造项目。社会服务的资金可由政府提供，通过政府购买服务来获取资金。若所获资金不够支持整个项目的进展，社会服务机构可以通过连接资源来筹措需要的资金。此时，社会服务机构可向企业寻求支持。在这一互动过程中，社会组织能获得所需资源，而企业也能履行一定的社会责任，并使外界对其产生更好的印象。

当政府、企业都投入资金，社会组织就应当将此转化为专业的服务。就该项目来说，前期预估与需求评估、设计方案实施改造、后期评估都需要社会组织主导完成。而评估工具可采用设计问卷（包含量表）、访谈等形式。邀请专业的建筑设计师评估服务对象家中需要改造之处，社会组织的工作人员结合多方信息制订出合适的、易达成最终目标的方案并进行实施，评估服务对象是否满意、是否达成既定目标，最后进行回访与跟进的工作。社会工作者可以使方案实施过程体现出社会工作的服务理念，比如当服务对象面临强烈的孤独感时，社会工作者应以哪些方式帮助服务对象建立社会支持网络、减弱孤独感。

三　项目资源提供

（一）互动模式

政府与社会组织的联系在于：政府向社会组织购买服务，实现政府职能的转移；社会组织获得政府提供的资金，有助于其开展更加专业的服务；政府与社会组织都离不开市场（企业），市场的税收中有一部分成为政府的收入，而社会组织也需要链接企业的资源。企业则可在自主承担社会义务的同时提升企业的名誉、树立良好的形象。

政府购买服务，通过孵化基地为宜家助老爱幼社区服务中心的项目提供部分资金。睿联凯舟社会工作发展中心帮助社会组织的孵化，社工人员负责监督与指导项目的进展。宜家助老爱幼社区服务中心向内蒙古沃尔德机电设备有限公司寻求资金与技术的支持，并线上购买所需设备产品。

在该项目案例中，社会组织与社区居委会也有一定联系，社区居委会为社会组织联系社区部分居民及服务对象，推进项目的开展。

（二） 资源提供

在项目实践中，社会服务由政府购买，赛罕区孵化基地孵化开展社会服务的社会组织。项目的资金主要有两个来源——赛罕区孵化基地与内蒙古沃尔德机电设备有限公司，公司同时为项目提供专业的安装服务，项目所用的设备通过网络市场购买，具体如下：

1. 政府提供资金→支持社会组织的孵化；

2. 企业（内蒙古沃尔德机电设备有限公司）提供资金与安装技术→为项目提供资金支持，同时安排专业的安装工人；

3. 社会组织（睿联凯舟社会工作发展中心、宜家助老爱幼社区服务中心）提供社会服务→睿联凯舟社会工作发展中心帮助社会组织孵化，监督与指导社会组织开展的项目，宜家助老爱幼社区服务中心作为实施项目的主体，负责项目的开展与实施及后续的工作；

4. 社区居委会→帮助社会组织联系社区居民与服务对象。

（三） 角色分析

此项目涉及的主要相关方政府、社会组织、企业在该项目的实践过程中扮演各自的角色。

1. 政府角色与功能

政府在推动社会组织的发展、孵化方面扮演很重要的角色。政府致力于增加人民福祉、提升人民生活水平，而政府简政放权、解决特定问题等的需要促使"政府购买服务"的推进。政府主导国计民生大局，有时会无暇顾及一些微观问题的处理与解决，而且也许事无巨细在这里并不可取。政府开展服务的范围很广泛，可能不会太过于细致。人民的某些需求可能会得不到及时回应。因此，专业化的社会服务亟待推广。

2. 市场角色与功能

市场具有灵活、资源丰富等特点，可以提供很多物质资源。它为政府提供资金，也可为社会组织提供资金，主导资金与商品的交换。当然，市场是以利益为导向的，它关注利益、效率的最大化，这与社会组织的出发点不同。

3. 社会组织角色与功能

社会组织在项目中扮演主导的角色，它承接、负责项目的具体运作。社会组织专门服务于社会中有需求的群体，并致力于开展专业的服务以回应不同的需求与问题。社会组织更容易发现特定群体的某些需求，并寻求解决途径。当然，由于它具有非营利的性质，它不能依靠自身产出丰富的资源，因此需要向各方连接资源。

四 项目行动方案

（一）已实践的方案设计

1. 准备。界定需要解决的问题并分析问题，确立初步的目标，入户探访及了解服务对象的需求，收集基本资料，通过访谈更进一步了解服务对象的情况，明确服务对象及其家人的需求，为服务对象提供更合适的服务。

2. 计划。对服务对象进行需求评估，将其需求与意愿作为设计方案的一项指标。项目预计共入户四次，其中第一次入户的目的是希望了解服务对象的具体情况并做简要评估，其余两次根据老人的感觉性需求进行家庭设施的适老化改造，最后一次通过回访评估适老化改造的效果。若条件允许，连接媒体资源并对项目进行宣传。根据预定的目标，设计方案、规划进度、安排任务。做好人、财、物等资源的预算、监测与评估，注重其可行性，尽量设计出可行程度高的改造方案。

3. 实施。根据设计方案采购硬件设施，连接与调动资源，进行设施改造与设备安装，及时跟踪项目进行时遇到的问题，必要时对原方案做调整。入户的计划分为前期、中期与后期。项目预计在开始阶段收集好所需信息；在中期与后期实施改造，与服务对象承诺并进行改造后的追踪与评估。

4. 监控。根据项目的进展情况，在遇到问题时及时跟进、寻求解决途径。监测项目的进度、预算与实施情况，必要时进行修正和改进。

5. 结束。评估项目的效果，做好售后服务及追踪工作。在项目完成后进行总结，并告知资源提供方和服务对象。

（二）项目进展过程

1. 服务准备。项目负责人对项目进行预先的计划与准备；呼和浩特睿联凯舟社会工作发展中心的相关工作人员及时跟进与监督项目的进展情况。在正式改造前，经项目负责人联系，内蒙古农业大学社区居委会的一位主任带领我们进入社区，在了解部分老人的需求之后，确定服务对象，并对她进行简要的访问。服务对象现年 81 岁，独自居住在内蒙古农业大学社区内。她以前的职业是小学教师，虽然她已 80 多岁，但她在平日里与人交流时基本上没有什么特别大的障碍。老人目前的逻辑思维能力还不错，但听力有所减退。她患有糖尿病，经常会觉得腿软，走不动路，但还是会常常散步。她平时比较乐观，一般不会因某些烦心事而忧虑。老人不用为一些基本的生活问题发愁，她更加需要家人的关怀与爱。老人和住在同一栋楼的部分老人关系也不错。在初次入户前，老人看到项目的简介时，便询问项目负责人关于项目的一些问题和细节。在了解情况后，老人在结合自身需求后和家人认为可以尝试改造，或许会产生不错的效果。老人对自己能接受这样的家庭设施改造很满意。

2. 服务开展。负责人提前与服务对象联系好改造时间，准备采购好的设备，进行设备安装与设施改造。宜家助老爱幼社区服务中心的项目负责人聘请了一位工人负责安装所有设施。社区居委会的主任来到老人家中慰问老人，并了解了项目的进展情况。安装工人向老人的家人详细介绍了设施的使用方式。

3. 服务结束。此次居家适老化改造没有破坏老人家中原有的设施，主要为家中增添了诸如马桶扶手、防滑地毯及一些智能化设备。其中一些报警装置在家中遇到陌生人闯入、老人遇到突发性危险时可以发出提示音，并让老人的家人接收到信息。高科技设施的优势很明显，但是其适用程度、使用效果还需时间的检验。

(三) 改进后的方案设计

由于该项目本身在进展过程中存在一些不足之处，经过反思，我们提供了一种改进后的方案设计，具体如下。

1. 设定目标。减少老人家中设施老旧的家具、地板等对老人造成的不便；促进老人与家人之间的联系，在一定程度上缓解老人的孤独感。

2. 准备。首先，承接项目的社会组织应与社区居委会联系，尽量在社区宣传适老化改造项目，介绍项目筛选条件与改造内容，联系对此有需要的老人。若没有老人申请，则可以联系居委会上门探访、寻找对此有需要的老人。

3. 需求评估。服务对象确定后，需要向服务对象详细介绍改造的计划以及评估方式，以征求服务对象与家人的同意。邀请专业的居家环境设计（建筑）方面的人士评估老人的居家状况，结合老人自身的需求确定可以进行改造的地方。而需求评估可以借鉴北京市老年人家庭适老化改造需求评估与改造实施管理办法

（试行）的相关内容分别从服务对象身体状况、居家环境评估、家庭成员评估和政策评估等五个方面来进行。在这一过程中可以选用比较成熟的评估工具，大致分为对环境各个方面进行综合评估和对环境的某一方面进行评估。从而确定老人需要什么服务、居家环境中哪些地方需要进行适老化改造，结合政府、企业、社会组织、社区等主体可以提供的资源设计具体改造方案。

4. 设计具体方案。在设计方案的过程中，需要结合前期的需求评估，以及通过问卷、访谈等了解的服务对象的情况，结合服务对象居家的构造、环境等多方因素设计合适的方案。根据项目实践中老人的感觉性需求，可以从以下几方面设计改造的具体方案。

①厨房的地面不平整容易使老人被绊倒→若老人同意家中进行较大的改动，则可将厨房内的地板换为防滑的地砖；若老人不愿意家中有太多变动，则可铺设防滑地胶，以减少地板与地板之间的高度差，使地面更为平整。

②洗澡不方便→如果有需要，可将老人家中的盆浴换为淋浴，并铺设防滑地毯；若不需要更换浴盆，则可以为浴盆周围增加减少与地面高度差的设施，并增设扶手。

③卧室隔音不良→针对卧室的隔音问题，可以尝试将卧室的门换为隔音效果强的门。

④卫生间洗衣机使用不便、洗衣服不便→可以更改卫生间的设施安装位置，由专业人员设计一种更加节省空间的方案，从而提供更多的"自由"空间。

⑤除上述老人认为需要解决的问题外，我们在初次入户时得知老人经常觉得腿软，而家中缺少老人借以维持平衡的设施，因此可以考虑在适当位置安装扶手，保障老人的安全。

5. 评估与跟进。在方案实施后，项目负责人、社会工作者等相关人员需要组织开展评估与回访跟进的工作，评估对服务对象需求的回应程度、服务对象满意度以及最初设定的目标是否达成、问题是否得到解决等，如发现问题可及时解决。评估时可以使用问卷、量表以及访谈等收集资料。在主要工作完成后，还需要进行回访与跟进，以查看服务对象的需求是否真正得到满足，问题是否得以解决等。

五　督导与评估——对项目实践的反思

（一）效果评估

1. 对相关问题的回应

①家中有哪些地方不方便老人平时走动，改造有没有产生效果？

回应：家中不方便走动的地方在于卫生间等地板较滑的地方，改造时铺设防滑的地毯，对于防滑有一定的作用，但作用不是很明显。在回访中发现厨房也不便老人走动，项目实践并没有对此进行改造。

②和家人（儿女）的联系有没有因改造而增加？老人的情感方面（孤独感）有没有得到改善？

回应：老人和女儿的联系在一定程度上有所增加，因为老人家中安装的设备可以通过仪器与老人女儿的手机相连接。老人在情感方面（孤独感）的改善需要通过一段时间来评估。据了解，老人平日与家人、朋友相处得不错，因此项目对于老人孤独感的改善有一定的促进作用。

③服务对象对改造的看法？认为改造可以改变什么？

回应：老人对自己的情况挺满意，主要希望改造卫生间易滑倒的地方，增加扶手，还有增设智能化设备，使子女更方便地联系自己。对卫生间的改造是在马桶周边安装扶手，其实需要安装扶手的地方还有如浴池周围、比较光滑的墙壁等缺乏维持平衡的设施的地方。

2. 回访后的发现

经过该案例项目的实践，我们大致了解了服务对象的感受与回应。对于改造的优缺点分析如下。

①优点：项目的出发点很好，有助于独居老人的生活得到关注；改造配备的一项设施有利于加强老人与女儿的互动，在联网状态下，老人的女儿可以看到老人的动态并与老人对话。

②不足：卫生间的防滑地毯的铺设反倒不利于老人清扫卫生间，老人需要单独清洗地毯；为马桶周围安装扶手发挥的效果不明显；某些设施可能产生噪声，打扰老人的休息。

3. 项目简要评价

项目结合目前很多社区高龄独居空巢老人所面临的问题，针对问题提出对策，希望通过改造提升老人在家的安全度，实现更高品质的居家养老生活，并进一步增强老人与家人的联系。政府、呼和浩特市赛罕区孵化基地、睿联凯舟社会工作发展中心、内蒙古沃尔德机电设备有限公司对项目给予了支持，特别是在资源方面。另外，项目的整体运作需要更为精细的计划、准备，而项目用时一天便完成了既定的目标。在讲求效率的同时，我们需要思考项目的运作是否真正达成目标，是否真正使问题得到解决。适老化改造需要根据需求评估的结果对老人的居家环境进行改造，需要解决问题并做一些预防性工作。

（二）项目亮点

1. 项目的服务目标

本项目的亮点主要在于服务目标的确定方面。基于人口老龄化与居家养老的背景，项目希望实现的目标不仅仅在于为特定的老年群体（社区高龄独居空巢老人）提供更高品质的居家养老、提升老人在家的安全度，更重要的是，当前人民生活水平普遍提高，老年群体的基本生理需求可以得到较好的满足，而他/她们的心理需求并非如此，如今有很多老年人面临如抑郁症之类的心理问题。该项目的服务对象的生活条件不错，不会为吃、穿、住、用、行等问题而担忧，反而对尊重与爱有更多的需求，老人更需要的是家人、朋友、邻居等的爱与关注。因此，该项目希望通过安装一些智能化设备促进老人与家人的沟通与交流，以回应老人在精神方面的需求。

2. 项目的使用设施

该项目较多使用智能化设备，可以说既有一定的优势，也存在明显的问题。一方面，智能化设备的使用并没有真正从服务对象的需求出发，因为它不包括在老人的感觉性需求中。另一方面，这样的实践体现了居家养老可以充分利用互联网、高科技的强大功能实现居家养老的便捷化、高品质。适老化改造可以在结合服务对象需求的情况下，适当地将高科技产品融入其中，从而更加凸显便捷化的优势。

（三）专业反思

1. 社会工作专业价值观的反思

依据社会工作专业价值的普遍原则与中国的社会及文化的实际情况，社会工作的专业价值包括敬业、接纳（社会工作者要接受、相信和尊重服务对象，且接纳不等于认同）、自决（社会工作者要尊重服务对象的自我选择和决定的权力）、个别化（对不同服务对象分别逐一对待）和尊敬人。当我们在中国的社会文化情境中开展专业的社会工作服务时，往往要寻求适应中国本土环境的途径。在很多情况下我们需要反思自己是否做到"接纳""不评判""案主自决"等；当遇到困难时，我们是否可以及时冷静下来、考虑如何解决问题，而不是过多地抱怨；我们是否能够端正态度，做到尽职尽责。而我们恰恰需要培养对专业价值观的敏感度，以便更好地参与到实务中。

2. 就项目所涉及的一些问题的反思

①项目整体的运作：一个项目的运作需要周密的计划、准备、实施、监控与追踪等过程。在项目的进展中，尽量做好前期的准备、预估、评估等工作，使用合理的评估工具，以使后期的工作愈加方便、顺利。项目的前、中、后期是一个整体，前期工作的完善对后续项目的进展很有帮助。同时，该过程也需要认真负责的态度与坚持到底的信念。

②项目的需求评估的重要性：需对服务对象进行完整的需求评估（此时可以使用问卷、量表等专业的工具），了解其是否属于特别需要服务的群体，如此一来项目的进展会充分发挥其作用与功能。若要通过访谈来完成了解情况、评估需求的工作，则应当对访谈的内容详细记录，并筛选重要、核心的内容，使其成为满足前期评估服务对象需求的工作。

③项目是否契合真正的需求：适老化的改造内容需要根据评估结果改造服务对象家中对老人日常生活造成不便和障碍的设施，因此，"适合的才是最好的"。

④社会文化情境的宏观背景对项目的影响：在分析造成服务项目客观的阻碍因素时发现，"熟人社会"这一因素是客观存在的。一方面，我们需要强调在确定服务对象时应当关注谁最有需求的问题，但很多时候基于"家本位"、中国社会的求–助关系、"差序格局"等因素，有时特别有需求的群体不知道可以通过社会服务来解决自己的问题，而且如果服务提供方与潜在受益人群处于完全陌生的状态，后者很有可能会存在一定的戒备心理，从而不利于项目的进展。如果此次改造项目的效果不错，受益人对此做出宣传，则有利于服务的扩展，这反而是"关系本位"的社会对项目的宣传有利的一面。因此，在遇到上述情况时，我们认为首先需要以问题的紧迫程度、服务群体的需求等为导向，寻求

方法来真正回应有需要的人、解决一定的问题；同时也可以结合社会文化环境中的"关系"，权衡利弊，做出更适合的选择。

⑤资源提供的重要性：目前本土的社会服务往往通过"政府购买服务"获取资源，以及从企业获取资金的支持。社会组织本身属于非营利的性质，所以学会如何连接资源是非常重要的。

作者简介

马嘉琪　内蒙古大学 2015 级汉授社会工作专业学生。

乌日那　内蒙古大学 2015 级汉授社会工作专业学生。

金明慧　内蒙古大学 2015 级蒙授社会工作专业学生。

11

"健康速递" 关注独居老人健康活动

毕楚楠　李　坤　齐　林

本次"健康速递"项目隶属于内蒙古大学民族学与社会学学院社会工作系 2018 年社会工作方案设计课程中的实务项目，三名作者作为大学生督导，也是第一次以项目督导的身份参与此类社区养老服务项目，最初的方案设计、中期督导末期评估都充分结合个案、小组、社区社会工作的专业内容，力图加强社区养老服务项目的专业化水平，将社会工作实务训练与"三社联动"发展充分结合。

一　项目研究背景

社区是联系和服务群众的重要纽带。党的十八大以来，中央高度重视社区管理和服务体系建设，要求增强社区公共服务的功能。2016 年民政部发布了《城乡社区服务体系建设规划（2016 - 2020 年)》（以下简称《规划》），对"十三五"时期城乡社区服务体系的建设规划做了顶层设计，提出了明确的发展方向，该《规划》指出要以居民群众需求为导向，推动社区服务精细化、专业化、标准化，构建机构健全、设施完备、主体多元、供给充分、群众满意的社区服务体系，让社区居民共享全面建设小康社会的发展成果。

大学西路街道办事处在"十二五"时期经过上下各级部门、社区工作人员和社会组织等的共同努力，社区基本公共服务体系建设工作成效显著，推动了社区公共服务的功能发展，有效地回应了社区居民的基本公共服务需求。但随着经济社会的快速发展，社区人员流动频率加大，大学西路街道办事处居民对社区公共服务需求的质量提出了较高的要求、需求的层次也较为多元化，这对本街道社区公共服务体系的建设提出了新的挑战。基于此，大学西路街道办事处加大了社区公共服务体系的建设，先从当下社区资源存量分布评估做起，探索社区资源整合的新路径，创新社区公共服务机制，解决社区服务居民"最后一公里"的难题。

通过进一步培育扶持呼和浩特市社会组织发展，激发社会组织活力，促进社会组织在营造"共建共治共享"的社会治理格局中更好地发挥作用与提升能力，推动呼和浩特市"三社联动"事业，呼和浩特市社会组织创新服务基地拟对为老服务类、社区服务类、社会组织风采展示公益种子项目活动进行资助，鼓励基地社会组织发挥示范引领作用，积极参与申报工作。受大学西路街道办事处的委托，呼和浩特市睿联凯舟社会工作发展中心承担了本街道十个社区资源评估的项目任务。"健康速递"关注独居老人健康活动公益项目即为申报参与呼和浩特市社会组织创新服务基地第一批公益种子项目之一。

"健康速递"关注独居老人健康活动由呼和浩特市及人之老社区服务中心和易客居家社区服务中心合作开展于呼和浩特市赛罕区前进巷社区。本项目针对社区15家60岁以上独居、高龄及行动受限老年人，将从两方面实现老人居家安心的目标："上门送药箱"与"上门送健康"，即通过为其赠送药品药箱并进行常规体检，使老人具有对自身的健康进行自我管理的能力。项目分为两次进行。其中人之老社区服务中心主要负责赠送秘制中药足浴包，并为老人做常规体检，易客居家社区服务中心主要负责赠送药箱与管理药箱。二者均为社区养老服务中心，本着"为老人献爱心，替子女尽孝心"的使命合作开展此次活动，通过连接不同资源并负责不同的目标任务，共同实现促进社区老人居家安心并带给其温暖与关怀的目标。

二 问题的定义

服务需求调查数据表明，呼和浩特市赛罕区前进巷社区的部分独居、空巢老人面临着长期服药、收入低下、身边无人照顾等困难。遇到头晕、烫伤、跌倒等小病或居家意外状况时，这些长者无法自己做好护理，也无人提供温暖，因此耽误病情。主要状况表现为：不知道如何正确使用创可贴、风油精等常见药品；遇到跌倒、烫伤等情况也不去处理；缺乏消毒、止血等基本急救知识，导致外伤容易发展成炎症或脓肿；家里未曾配备适合的药品，或者药品过期，甚至不了解如何使用。

然而，一些老人乐意并具有对自己的健康自我管理的能力，只是缺乏外来的支援，例如，需要在家备上合适的药品、学习基本护理知识、建立邻里协作的支援网络等。

部分老人心态消极，无求助动机，有些性格固执，不愿意尝试科学有效的护理方法，宁愿使用惯用的方法，例如当遇到小病小痛、损伤、淤肿都会使用风油精，但这些方法未必能够对症下药。这些问题不单单是个人的知识不足的问题，还是社会、社区没能建立起完善的支援网络来关心这些老人，导致他们无法从这个网络中习得各种药品的知识的问题。

因此，我们需要开展一个活动，不只关心这些老人使用药品的问题，还要强化社区内的联结，让他们可以在这个联结内互助，加强社区内部的邻里交流，增强老人的社会支持，解决信息不足的问题。通过开展活动，在给予老人关怀的同时也能使其意识到社区、政府、社会对于他们的关心，让社区内部的居民感受到社区的温暖，使其加强对社区的归属感。

三　需求评估

本项目主要采用了问卷评估法，本中心在与街道办事处领导、社区工作人员、社区居民及高校学者的多次研讨中，确立了四套测评表，包括调查员测评表、社区干部自评表、社区居民打分表、社区地图绘制表，通过多角度的测评，力图准确呈现十个社区资源存量及分布情况。同时，我们也采用了焦点访谈的方法，邀请社区干部和社区工作人员及社区居民代表就社区资源存量及社区公共服务存在的问题进行集中讨论，采集基层人员对社区资源存量及公共服务的看法，为社区公共服务体系的建设奠定民意基础。

根据呼和浩特市社会组织创新服务基地关于《呼和浩特市赛罕区大学西路街道社区需求评估报告》最新调查结果：前进巷社区老年人对于居家养老服务、社区互助服务的需求率分别为28.6%和19.3%，相比较其他服务项目，比例偏低，但是部分老人长期服药、经济困难、身边无人照顾，且心态消极，求助意愿低，需要开展活动来促进社会支援网络的建立。

可以从以下几个方面分析需求的产生原因。

（一）身体方面：老人身体机能下降，行动不便，不能及时就医。

（二）心理方面：部分老人心态消极，无求助动机，有些性格固执，不愿意尝试科学有效的护理方法，宁愿使用惯用的方法，例如当遇到小病小痛、损伤、淤肿都会使用风油精，但如此方法未必能够对症下药。

（三）支持网络方面：身边缺乏可靠的人照顾、关怀、帮助。

（四）经济方面：部分老人负担不起药品支出，或者舍不得买药，出现重复使用外用药的情况，如创可贴、皮炎平。

独居、空巢老人的健康问题需要得到关注，我们应当采取措施，从小病开始，协助长者做好小病及居家意外伤害的护理，避免小病变大病的情况。

四 设定方案目标

（一）成果目标

1. 项目希望最终实现目标群体的独居、空巢老人"一家一药箱"，使其拥有最基本的处理应急事件的医疗用品，学会自我护理，降低拖延治疗的概率。

2. 项目最终希望让老人意识到社区、社会对于老人的关注，并加强其社会归属感。

3. 通过此项目向社会传递更多的温暖，同时也影响更多的人邻里互助，把关爱送给身边的人。

（二）过程目标

1. 为老人赠送秘制的中药足浴包，完成常规体检，使老人具有自我护理和健康管理意识，并学会基础保健技能。

2. 在赠送药箱与教授知识的同时，对老人进行关怀与问候，让老人意识到社区、社会对于老人的关注，并加强其社会归属感。

3. 使老人了解药箱的内容及使用药箱的方法与技巧，使老人遇到应急事件时具备自我处理的知识与能力。

4. 通过为老人体检，让老年人更好地了解目前的身体状况，及早发现潜在的危害健康危险因素，让老人明白进行定期体检的重要性。

5. 在第二次活动回访中，为老年人补充药品，并对其满意度进行评估调查，最终圆满结项。

五　选择与发展行动方案策略

基于以上分析，本项目采取的介入策略如下。

及人之老社区养老服务中心与易客居家区服务中心合作开展本次健康速递项目，本项目针对社区 15 家 60 岁以上独居、高龄及行动受限老年人，将从两方面实现老人居家安心生活。

目标："上门送药箱"与"上门送健康"。项目分为三次进行。

（一）上门送药箱：连接社会资源，让独居、空巢老人家里能够配备合适的外用药品，使其具有定期清理药箱的意识，并学会如何使用药箱和自我护理。

（二）上门送健康：项目团队上门为老人做常规体检，为老人传授护理和保健知识，如量血压、保健操等，并定期回访，跟进情况。

（三）入户回访：再次了解受益老人的健康状况以及其需求的解决情况，强调健康管理的重要性。

其中，及人之老社区养老服务中心主要负责赠送秘制中药足浴包，并为老人做常规体检，易客居家社区服务中心主要负责赠送药箱与管理药箱。

六　方案结构的元素

（一）资源提供

1. 招募参与人

结合社区资源招募有需求的老人。本次项目的直接受益人群是呼和浩特市赛罕区大学西街前进巷社区 60 岁以上的老人，以独居、高龄及行动受限老年人为主的 15 户老人。在这些老人中，并不是全都处于"等待救援"的状态，有些乐意并且具有能力对自己的健康进行管理，只是缺乏外来支援。

2. 人事配置

呼和浩特市及人之老社区养老服务中心的工作人员有 7 名，包括项目负责人彭利，中医理疗主管高凤来，设计师寇达，中医理疗师简浩军，彩云、董海峰以及网络运营郝鑫。

呼和浩特市易客居家社区服务中心的工作人员有 2 名，包括项目负责人杨波，以及来自呼和浩特市福康医院外聘专业医生白云纲。

内蒙古大学社会工作专业督导三名：毕楚楠、李坤、齐林。

3. 资源配置

及人之老社区养老服务中心：第一次活动配置由 150 份秘方配制的中药足浴包，测量体重、血糖、血压、体温、血氧、心电图等需要的仪器。第二次入户回访配置海报 35 份（影印版 15份、彩印版 20 份），满意度评估表 15 份，入户回访表 15 份。

易客居家社区服务中心：第一次活动配置药箱 25 个。第二次入户回访配置烫伤外用药品 4 套。

此次项目是政府购买、自筹资金、连接资源三方面财力的融合。

（二）实施过程

1. 定义方案内容

由两个社会服务机构合作开展本项目，主要从两方面进行：

（1）上门送药箱：连接社会资源，让独居、空巢老人家里能够配备合适的外用药品，使其具有定期清理药箱的意识，并学会如何使用和自我护理。

（2）上门送健康：项目团队上门为老人做常规体检，为老人传授护理和保健知识，如量血压、保健操等，并定期回访，跟进情况。

2. 说明方案任务

（1）为老人赠送秘制的中药足浴包，完成常规体检，传授健康知识。

（2）向老人介绍药箱内容并为其讲解使用药箱的方法与技巧。

（3）在第二次活动回访中，为老年人补充药品，并对其满意度进行评估调查，最终圆满结项。

3. 确立方案行动的方法

入户服务。

（三）项目成果

1. 完成项目

及人之老社区养老服务中心与易客居家社区服务中心合作完成了本次的"健康速递"——关注独居空巢老人健康活动，总目标与过程目标基本达成。及人之老社区养老服务中心圆满完成计划目标，但易客居家社区服务中心在完成过程目标的过程中未能全部按照项目计划实施。

2. 完成数量

及人之老社区养老服务中心：150 份中药足浴包送出 140 份。

易客居家社区服务中心：群体数量也从 15 户变成了 25 户，即 25 个药箱全部发放。二次回访中补发给四户老人药品。

3. 完成人数

及人之老社区养老服务中心：15 户独居、空巢老人实际完成 14 户。

易客居家社区服务中心：第一次活动，在项目对象上，与原始目标不符，最后服务的群体，在特征上大多并不符合独居、空巢的特点，而群体数量也从十五户变成了二十五户，即二十五个药箱全部发放。4户老人收到补发药品。

4. 完成时程

及人之老社区养老服务中心分别于4月25日上午与5月2日下午完成。

易客居家社区服务中心分别于5月2日与5月10日的下午完成。

七 项目成果与反思建议

（一）及人之老社区养老服务中心

首先从项目成效而言，及人之老社区养老服务中心在本次项目中的主要服务对象是第一次在呼和浩特市赛罕区前进巷社区入户上门过的14户60岁以上的老人，由于第一次活动的成效、服务效果较好，老年人都十分欢迎回访工作，并积极配合工作人员发表自己意见看法。其中回访的14户老人中有一家未能取得联系，后续将通过电话访谈形式进行回访，有11家成功入户回访，并成功地向其宣传了健康知识，评估了活动成果，有两家由于外出有事没有成功入户，但积极配合工作者完成了电话回访。因此第二次项目的实际受益者共13户人家。团队以入户访谈、健康宣传、满意度评估表填写方式完成了第二次回访入户，整体效果非常不错。

其次在项目开展方面，由于本次活动的工作者是与第一次不同的人员，在入户前，取得服务对象的信任相对第一次较为困难，但由于我们的工作者是专业的养老服务人员，他们通过自己的沟通技巧与专业态度取得了老年人的信任，对于回访表与满意度评估表的内容也掌握得很好，因此整个项目开展十分流畅。

（二）易客居家社区服务中心

首先，通过对活动现场的观察发现，对于前进巷社区的老人而言，诸如此类物资发放、知识宣传型的活动并不是第一次，特别是有及人之老社区养老服务中心开展的入户活动作为铺垫，老年人对于此类活动已经有了基本的了解与认知，他们能够意识到参加此类活动对于自己的健康与生活是有益的。所以不管最后的形式是否与项目书相符，老年人对本次药箱发放的活动相对来说还是十分热情的。

但在药箱的使用与健康知识的了解上，本次项目并没有在活动过程中进行足够的宣传和普及，也未准备任何评估手段，老人们意识到了社区服务机构对其关心与物质支持，这在其态度中也能够明显地感受到。

整个活动流程，也得到了老年人的基本认可与好评。但是实际上，我们并没有为老人烘托出一个入户关心、提供帮助的环境，他们在内心精神层面上并没有得到足够的关心与温暖，因此在服务对象的认知层次上，最后达成的结果是不完整的。

在行为方面，由于其对我们的项目内容并没有实质性的了解，对于本次活动他们只能做到初步了解，并基本给出好评。他们对于发放药箱这一行为相对欢迎，因此在现场讲解、摄影录像、沟通交流的过程中都十分配合，很认真地去听工作者所说的每一句话。但他们仅仅将工作者视为一个物资的发放者，并没有意识到他们真的可以从社区工作者身上寻求专业性的养老帮助与服务。

八　案例结论与启发

总体而言，此项目工作的开展是顺利的。项目的顺利实施离不开政府与社区的支持，更离不开项目工作人员的努力。在项目实施过程中，工作团队认真负责，能够为项目开展建立一个和谐、互助的良好氛围，并积极调动老人的积极性，使得服务对象感到受益并收获温暖。工作人员能够遵守社会工作价值观与伦理，明白自己的角色与地位，入户服务与回访工作最终顺利完成。希望在日后的工作中，工作员能够更加明白自己的职责所在，并取得更加令人满意的成果。

这次活动也让我们看到及人之老社区养老服务中心与易客居家社区服务中心这两个组织在此项目上开展的合作内容为我们提供了一个新的思考方式，即"社社合作"平台建置的可能性。"社社合作"可以使合作的社会组织在功能上实现互补，并通过连接到不同的社会资源而更有效地实现共同的目标使命。这不仅是促进社区资源整合的新路径的探索，也是社区公共服务机制的创新。及人之老社区养老服务中心与易客居家社区服务中心的合作对于基地社会组织创新服务方式发挥了示范引领作用，对于激发社会组织活力、促进社会组织在营造"共建共治共享"的社会治理格局中更好地发挥作用方面有很大的借鉴意义，更好地推动了呼和浩特市"三社联动"事业的发展。

作者简介

毕楚楠　内蒙古大学民族学与社会学学院 2015 级社会工作专业学生。

李坤　内蒙古大学民族学与社会学学院 2015 级社会工作专业学生。

齐林　内蒙古大学民族学与社会学学院 2015 级社会工作专业学生。

12

暖心陪伴

——关爱长者系列公益活动

聂星宇　孙　娟

社区老年人的问题和需求是社区开展老年社会工作的重要导向，通过了解老人的问题和需求，可以为社会工作者如何更好地开展社会工作指明方向。粗略来看，社区里老年人的需求可划分为生活需求和精神需求。呼和浩特市德蕾社会工作服务中心和明爱社会工作服务中心将专业社会工作方法与专业心理咨询方法相结合，推出了"暖心陪伴——关爱长者"项目，旨在通过"长者茶社、长者生日会、暖心陪伴和咨询体验"等项目服务，丰富老年人的物质和精神生活。鼓励老年人用积极的心态面对生活问题，营造充满温暖和关爱的家园氛围。

一　背景介绍

随着现代化、城市化的发展，人口生育率不断降低，人口老龄化问题逐渐凸显。数据显示，中国在 2000 年就已经进入老龄化社会，养老问题已经成为中国社会相当严峻的问题之一。随着家庭结构趋于小型化、核心化，传统的家庭养老方式已经很难满足日益增长的养老需求，更多的人希望政府能够在养老中承担更多的责任。鉴于家庭养老与机构养老的一些局限性，老年人社区关怀服务将成为中国老年人养老的一个必然选择。在社区关怀服务中，政府处于主体地位，有着自身不可推卸的责任，但为了满足民众多样化的养老需要，提高其提供公共服务的效率，应该适当地引入市场机制，通过政府购买服务的方式来满足不同老年人的需要。

中国的人口老龄化已经成为不可回避的趋势。老年人曾为社会的发展做出巨大的贡献，他们是社会的宝贵财富，满足他们精神文化的需求有利于社会稳定和谐。本文以"暖心陪伴——关爱长者"系列公益活动为研究背景，对老年人的精神文化需求进行相关探讨，并通过对老年人自我认知和行为的干预，增强老人的自我效能感，缓解其潜在的心理危机，从而保持身心健康，鼓励老年人积极对待生活。

在服务开展之前，社会工作者通过焦点小组访谈的形式，对呼和浩特市前进巷社区的老人进行了问题和需求的评估，分析能够满足社区老人服务需求的服务方案设计，确定介入策略和工作方法，落实服务方案和评估服务的过程。在前期焦点小组访谈中，社会工作者了解到，随着年龄的增长，老年人的身体和心理都会发生一定的变化，身体上逐渐衰老，身患重病，突发灾难，丧失亲人……都会让老年人出现各种心理问题，而老年人产生心理危机的原因较年轻人更复杂，常见的情况有三种。

（一）生理健康问题

因年老体衰而多病，尤其是身患不治之症或一些慢性、疼痛性疾病，往往使老年人无法忍受病痛长期的折磨，产生悲观、无助、绝望等情绪反应。

（二）心理健康问题

1. 儿女在生活或精神上缺乏关心或者沟通不畅。中国传统观念比较看重儿女孝顺，当儿女不能理解老年人或者因其他事情对老年人缺少关心时，就会认为儿女不孝顺，这样的想法会让本来孤单无助的老年人精神更受冲击，他们会将其归结为自己人生的失败。这样的原因更会加剧家庭的矛盾，增加不幸福的因素。

2. 配偶的离去。陪伴自己的老伴的离去，对老年人是一个非常重大的事件。丧偶的老人多数会处于伤感、悲哀、怀念和孤独的情绪当中，其中一些人还会伴有内疚、自责等情绪。

3. 社会隔离问题。很多老年人在退休后，会因为自我价值感得不到满足，而产生比工作时更为严重的焦虑情绪。

综上所述，社区老年人问题是社会结构变迁下、家庭结构小型化过程中老年人的个人需求难以满足而引发的。根据马斯洛的五类需求，在过去，老年人的生理需求、安全需求基本都可以在家庭内部得以实现，社交需求、尊重需求和自我实现需求不强烈且在家庭内就可以得到部分满足，这三种需求往往是对生理需求和安全需求的补充。然而随着家庭户均人数的减少，一代户比重上升与二代户比重下降同时发生，家庭结构小型化现象越来越常见，这就表明更多的老年人可能不再与其子女生活在一起。当老年人面临生活自理能力欠缺、健康状况欠佳、高龄化和空巢家庭等问题时，其生理需求和安全需求在小型化结构家庭中常常无法得到及时有效的满足，更不必提其他更高层次的需求了。

家庭照顾功能在不断弱化，老年人社会福利需求如果仍要维持原有的水平或者提升至更高水平以分享社会发展成果，那么向家庭之外寻求更多的支持就成为必然。而社区就是一个很好的平台，相对家庭而言，其提供的社会福利对于老年人社交需求、尊重需求和自我实现需求的满足更为有利。在社区中，老年人可以参加老年社、加入老年大学等，精神交流和慰藉往往会使其得到友谊、情感和归属，"老有所学""老有所教""老有所乐""老有所为"使其能力得到提升、自尊得到增强，进一步获得胜任感和成就感，从而弥补与往日工作和家庭脱离所带来的失落、迷茫，使其晚年生活充实而美满。

二　需求评估

（一）需求层次理论

马斯洛的需求层次理论认为，个体成长发展的内在力量是动机。而动机是由多种不同性质的需要组成的，各种需要之间，有先后顺序与高低层次之分，每一层次的需要与满足，将决定个体人格发展的境界或程度。在马斯洛看来，人类的需要是分层次的，由低到高分别是生理需求、安全需求、社交需求、尊重需求和自我实现需求五类。

其中社交的需求也叫作归属与爱的需求，指个人渴望得到家庭、团体、朋友、同事的关怀、爱护、理解，是对友情、信任、温暖、爱情的需要。社交的需要比生理与安全需要更加细微、更加难以捉摸。它与个人的性格、经历、生活区域、民族、生活习惯、宗教信仰等都有关系，这种需要是难以察觉领悟、无法度量的。而老人也不例外，他们同样也需要这些。我们开展小组活动就是希望老年人能够通过小组的形式获得社交需要和尊重需要的满足，并通过小组成员间的信任支持和相互学习，获得发掘潜能的契机，从而提升社交能力。

（二）活跃理论

活跃理论认为老年人的生理、心理及社会的需求，不会因为生理、心理及身体健康状况的改变而改变，一个人到年老时仍然期望积极参与社会活动，保持中年生活形态，维持原有的角色功能，以证明自己仍未衰老。而参加小组其实也是社交的一个方面，在小组中，组员可以在一个十分活跃的、轻松的环境下进行交流；通过相互认识、交流、信任的过程，帮助老人建立一个良好的社交支持网络。

通过组织社会和老年人的集体活动以及社区对老年人的关爱活动，能够让老人从中感受到来自别人的关怀和理解，从而满足自己的心理需要，获得身心上的愉悦。

（三）体验学习理论

所谓体验学习，就是通过精心设计的活动、游戏和情境，让参加者在参与过程中观察、反思和分享，从而对自己、对他人和环境获得新的感受和认识，并把它们运用到现实生活中。体验学习理论认为人在实践活动过程中，通过反复观察、实践和练习，通过对情感、行为和事物的内省体察，最终认识到某些可以言说或未必能够言说的知识，掌握某些技能，养成某些行为习惯，乃至形成某些情感、态度和观念的过程。在小组活动中设置情景体验来让老人从体验中感受到平时生活中从未发现和关注的一些乐趣，并从体验中学会保持身体健康的方法。

（四）社会支持理论

依据社会支持理论的观点，一个人所拥有的社会支持网络越强大，就能够越好地应对各种来自环境的挑战。个人所拥有的资源又可以分为个人资源和社会资源。个人资源包括个人的自我功能和应对能力，后者是指个人社会网络中的广度和网络中的人所能提供的社会支持功能的程度。以社会支持理论为取向的社会工作，强调通过干预个人的社会网络来改变其在个人生活中的作用，特别是对那些社会网络资源不足或者利用社会网络能力不足的个体，社会工作者致力于给他们以必要的帮助，帮助他们扩大社会网络资源，提高其利用社会网络的能力。

综上所述，从需求层次理论、活跃理论和社会支持理论的视角来看，我们发现老年人也需要得到情感需要、尊重需要与自我实现需要的满足，每个人都希望爱别人与被别人爱，老年人也例外，在老年人的情感世界里，存在老伴、子女、亲戚的亲情，还有邻里、同事的友情，老年人往往害怕寂寞、孤独，希望有朋友进行沟通交流，有长期稳定的感情寄托。另外老年人由于缺少可交换的资源，所以受到尊重的程度相对较低，他们希望可以在活动中实现自己的价值，受到别人的尊重，获得心理上的满足与慰藉。而从体验学习理论的视角来看，老年人已经形成了许多根深蒂固的思维模式与行为习惯，总是会忽略生活中的一些乐趣，感到生活的乏味。

因此，社会工作机构开展"暖心陪伴"关爱长者系列公益活动，教服务对象做手指操和拍打操就是为了使老年人保持身体健康，从而有能力去参与更多的活动，满足其价值实现的需要；以长者茶社形式做团辅活动，则是为老年人创造一个交流的平台，使其能更好地与他人沟通，从而提升其社交能力，满足其交际与自尊的需要，并能够发现生活中的乐趣，弥补之前的乏味；给服务对象开生日会，就是为了让老人感受到爱与被爱，满足其心理上的需要，感到关爱与心灵上的充实；抚触沟通的进行，则是为了帮助老年人更好地构建支持网络，获得亲友及邻居的支持，满足其生活的需要。

此外，大学西路街道社办事处在"十二五"期间经过上下各级部门、社区工作人员和社会组织等的共同努力，社区基本公共服务体系建设工作成效显著，推动了社区公共服务的功能发展，有效地回应了社区居民的基本公共服务需求。但随着经济社会的快速发展、社区人员流动频率加大，大学西路街道社区居民对社区公共服务需求的质量提出了较高的要求、需求的层次也较为多元化，并且随着步入高龄阶段，老人的自理能力逐渐退化，紧急救援、心理干预等特殊养老服务需求逐渐凸显。根据调查结果显示，社区老年居民对紧急援助服务的需求最高，为 73.5%，对文体康乐活动和互助服务也有较高需求，需求比例在 60% ~ 70%。故而社会工作者认为有必要对老年人进行心理辅导和陪伴关爱，来满足社区中老年人的生理需求、安全需求、归属和爱的需求以及尊重需求和自我实现的需求，并且能够在一定程度上解决社区街道办的难题。

呼和浩特市德蕾社会工作服务中心和明爱社会工作服务中心通过举办"暖心陪伴"关爱长者系列公益活动，建立起一个老年人之间的互动、沟通平台，营造一个充满温暖和关爱的家园氛围，不仅十分符合老年人的需求，也很符合社区街道办的需求，故而在活动实施过程中得到社区老年人与社区街道办的支持，从而使得活动顺利开展。

三 资源提供

（一）政府的角色功能

随着家庭结构趋于小型化、核心化，传统的家庭养老模式已经很难满足日益增长的养老需求，人们更多地希望政府能在养老中承担更多的责任。在提供满足老年人需求服务的体系中，政府应处于主体地位，有着自身不可推卸的责任。作为治理主体的政府，应负责有关法规的制定和实施、大部分区域公共设施和公共服务的提供，应承担大部分老年人社区服务的责任。无论是有关老人福利政策的制定、实施还是利用财政来购买老年人社区服务，建立惠及老人的老年活动中心等都是其承担责任的具体体现。

本项目中，民政局共提供了 2000 元的公益基金，并联合专业的社会工作机构，为社区老年人提供专业的社区服务。

（二）市场的角色功能

公共服务供给是政府的基本责任，但是随着公众对于公共服务需求的增加，导致政府的公共服务供给不足；财政支出安排不均；公共服务质量与效率不断下降等，公共服务需求多样化而政府提供能力的不足，使得引入市场机制成为必然。在老年人社区服务中引入市场机制，使得市场不仅仅能作为一种资源汲取机制以弥补各式各样原因造成的公共投入不足，还能形成一种资源配置、监督约束机制，来体现财政支付的公平性。与此同时，引入市场机制还可以更好地丰富资源的供给、提高公共服务提供的效率，更好地满足老年群体的需要。

本项目中，社会工作机构通过利用政府的公益基金，聘请了专业心理咨询师，更有效地帮助老年人疏导心理。

（三）社会组织的角色功能

涉及本项目的社会组织主要是呼和浩特市德蕾和明爱两家专业的社会工作服务中心的加入，可以弥补政府与市场的不足，提供一些公共服务。这一方面很好地弥补了政府提供的老年人社区服务的资源不足、服务效率不高等缺点；另一方面也弥补了完全由市场机制运作的私营养老机构收费过高的问题，解决了很多老人的养老需要。同时通过政府购买社会服务的方式引入专业的社会工作机构组织，还能够解决社会组织的运营成本问题，可以为老年人提供更为专业化的服务。可以说，社区组织通过对区域公共生活的参与来维护和改善社区的基础设施、提供公共服务以增进社区整体福利。

两家社工机构的优势主要体现在，德蕾和明爱社会工作服务中心在之前已多次举办长者生日会和长者茶社等活动，有着丰富的活动经验并获得一定数量社区长者的支持。这就使得本次活动有了资源支持和群众支持，其次德蕾拥有着优秀的心理咨询人才与咨询的条件，对应老年人心理问题有专业的解决办法。

（四）三者之间的关系与优势

本项目中，政府、市场、社会组织的关系是相互补充、相互配合的，政府由于人手的不足不能为社区老人提供应有的周全的服务，但是政府的优势在于其资金充足，它可以合理运用资金来购买服务；而市场是有利益性的，没有利益的事情很少会参与进来，但是它的优势就在于提供的产品种类丰富，服务多样，可以满足多样化需要；除此之外，社会组织的不足在于缺乏资金支持，规模较小，很难发展起来，而它的优势就在于深入社区，对社区民众的需求有足够的了解，并且在社区中也有着一定程度的影响力。

要想发挥出各自的优势，就需要政府、市场与社会组织三者相互补充、相互配合，政府在考量民众的需求后，就可以运用足够的资金来向社会组织购买服务，政府出钱，而社会组织出力，针对特定项目的需要，社会组织可以合理运用项目资金来向市场购买完成目标所需的物品或是特定的职业人员，在完成项目提供服务的同时发展自身，以便以后的发展壮大。

本项目中，由政府提供了 2000 元的公益项目基金来向德蕾社会工作服务中心和明爱社会工作服务中心购买服务，而两个社会工作服务中心提供专业的社会工作者来为社区老人提供相应的服务，并以申请的资金聘请市场上专业的心理咨询师做培训，从市场上购买了活动需要的所有物资，包括蛋糕、水果、茶、坚果、点心、纸巾、纸杯、茶点盘以及发放的礼物等，使得该项目活动顺利进行。此外，该项目还很好地体现了"三社联动"的效果，在项目开展期间，社会组织负责全程活动的组织与承办，孵化基地则为活动提供了合适的场所，而社会为活动提供了需要的志愿者以及专业的摄像师，社区街道办则协助社会组织寻找符合活动条件的老年人，在三者的相互配合下才有了项目活动的顺利开展。

四 行动方案

（一）确定服务目标

1. 总目标

"暖心陪伴"关爱长者系列公益活动为25位大学西路社区60岁以上患有疾病、丧偶的、子女不在身边的退休老人提供服务，在项目开展的过程中，社会工作者充分利用社会关系，并连接媒体资源展开服务，也为呼和浩特市"三社联动"工作探索着新模式新方法。"暖心陪伴"关爱长者系列公益活动项目旨在为老年人提供服务，构建社区朋辈支持网络，让每一位接受服务的老人能够身心健康愉悦。

2. 具体目标

（1）社会工作者教服务对象做手指操和拍打操，目的是使其能够随时随地地修养身心，保持身体健康。

（2）以长者茶社形式做团辅活动，目的是普及心理学知识，化解不良情绪，让接受服务的老人在日常生活中保持积极向上的心态，愉快地生活。

（3）给服务对象开生日会，目的是使其感受到爱的陪伴与关心，体会彼此之间的一种祝福与温暖。

（4）最后抚触沟通的进行，目的是通过体验让每个老人感受到来自他人的陪伴和爱的传递，有助于在生活中更好地与家人或他人相处，并且将爱的能量传递出去。

（二）服务对象

德蕾社会工作服务中心和明爱社会工作服务中心在开展"暖心陪伴"项目时，共有 4 名社会工作者和 4 名社区志愿者为 25 位大学西街 60 岁以上患有疾病、丧偶、子女不在身边的退休独居老人提供服务。

（三）服务效果预测

通过此次活动，预测服务对象整体的精神面貌将有很大的改观。

1. 在认知方面：90% 以上的服务对象获得保持身心健康方面的知识。

2. 在情绪方面：使 25 位子女不在身边的老人在精神上得到温暖和快乐，重新点燃生活的热情和兴趣，让服务对象重新获得存在感，看到自己的社会价值、人生价值，更加活出自己，追求幸福。

3. 在行为方面：拓宽服务对象获得资讯的渠道，提供倾诉平台。让服务对象走出家门参加一些户外活动，增加与外界的接触和交流，促使服务对象能够走出家门、融入社会、乐观生活。

（四）评估方法

1. 社会工作者的自我评估。

2. 准备阶段的需求评估——焦点小组访谈法。

3. 结束阶段对服务对象的满意度评估。

五　计划实施过程和目标达成情况

（一）计划实施过程

根据需求评估制定的目标，本次"暖心陪伴——关爱长者"系列公益活动共设4项活动，以下为对四项活动实施过程的具体介绍。

1. 活动一

老年人保健操。由德蕾社会工作服务中心的一名社工，带领所有服务对象进行保健操练习。保健操内容包括手指操和拍打操。

①目的：使服务对象能够随时随地进行身体健康锻炼，修养身心，不受时间和场地的限制。同时以团体活动的形式开展，相互拍打，共同锻炼，能够增进老人间的沟通与交流，满足老人的安全和健康的需求。

②时间：2018年4月22日3：00～3：40。

③地点：前进巷社区三楼会议室。

④内容及程序：社会工作者先介绍活动内容，讲述老年人进行手指操和拍打操的意义，引起服务对象的关注；再由社会工作者带领服务对象进行五节手指操练习；之后将老人分为两列，伴随着音乐，后一个为前一个从头开始拍打到腰，起到按摩与锻炼的效果，完成拍打操练习。

2. 活动二

①目的：以长者茶社讲座形式进行团辅活动：由社会工作者普及心理学知识，做老年人心理疏导，团体辅导。让老人在日常生活中保持积极向上的心态，愉快地生活。

②时间：2018年4月22日3：45～4：30。

③地点：前进巷社区三楼会议室。

④内容及程序：社会工作者引导老人进行放松训练，冥想练

习，充分地感受自己的呼吸，放松身心；然后给每位老人发葡萄干，社会工作者引导老人在舒缓的音乐中进行正念呼吸与觉察，即正念吃葡萄干训练。通过正念运动化解不良情绪；然后让老人依次交流自己的感受，社会工作者运用禅修引导老人加强对自我的关注，拥有活在当下的乐观情绪。

3. 活动三

①目的：以长者生日会的形式为老人们提供休闲娱乐时光。由社会工作者共同带领，为过生日的老人提供生日蛋糕，全体唱生日歌，表达生日祝福。

②时间：2018 年 4 月 22 日 4：35～5：15。

③地点：前进巷社区三楼会议室。

④内容及程序：让全体老人为本月过生日的三位老人，唱生日快乐歌，送出真挚祝福；倾听老人们讲述一生中最有意义（或最难忘、最开心、最感人）的故事；与老人们互动，让彼此都感受到爱的陪伴与喜悦；为全体老人提供茶点、小礼品。

4. 活动四

①目的：心灵陪伴，咨询体验形式。由社会工作者带领全体老人进行团体体验：抚触沟通。

②时间：2018 年 4 月 22 日 5：20～6：00。

③地点：前进巷社区三楼会议室。

④内容及程序：社会工作者引导老人们两两面对面抵膝相坐，掌心相对，在音乐中闭眼感受对方的温暖，然后志愿者轻抚每个老人肩膀。通过体验让每个老人感受到来自他人的陪伴和爱的传递，这种做法有助于老年人在生活中更好地与家人或他人相处，并且将爱的能量传递出去。

（二）目标达成情况

本项目共包括四项活动，活动效果比较好，接受服务的老人能够积极配合社会工作者们的安排，积极响应活动计划，活动氛围温馨。

首先，在认知方面，几乎所有的老人都从活动中获知了保持身心健康的方法，知晓了手指操与拍打操的作用与功效，即缓解高血压等，并能够随时随地做保健，而不受到场地和时间的影响，与此同时，他们也认识到了心理健康对身体健康的重要性，并知晓了与家人或他人相处的方法，甚至有人表明回去之后也要和自己的老伴一起做锻炼。

其次，在情感方面，本项目使得接受服务的 25 位老人不仅在精神上感觉到了温暖和快乐，而且还发现了原本生活中存在的乐趣，大家共同为其过生日，一起庆祝，表达自己对寿星的祝福，让他们感觉到了来自别人的那种不同于家人之间的关怀与关爱，并认为这是其人生中最难以忘怀的一件事。另外，在与别的老人一起参加活动时，他们内心的那种孤独感也有了一定的消散，重新获得了自己的存在感，看到了自己的社会价值、人生价值，从而使得老人家生活更加开心。

最后，在行为方面，这些活动的开展让这 25 位老人不再是无所事事地待在家中，而是走出家门，增加了他们与外界的交流与接触，并在活动中结识了与自己志同道合的新朋友。此外，大家的认同还使得他们能够大胆地表达出自己内心的真实想法，从而增强信心，积极参与到活动中去，使得活动顺利进行。

六 反思与建议

（一）反思

1. 时间安排不合理，开场时间和预定时间出现偏差，中间等待的空白时间过长，个别老人出现不耐烦的情况。

2. 在长者生日会环节，由于在活动开展前，没有统计过生日老人的数量，导致蛋糕的生日帽准备不足，过生日的老人没有佩戴生日帽，稍稍缺乏生日氛围。

3. 会场布置上，桌子围成的方形过大，两侧座位距离过远，不利于坐在对面的老人相互交流。

4. 活动中负责主持的社会工作者站在桌子外围，从感觉上与老人有些疏远，不利于与后方老人的互动。

5. 以小组的形式展开，前期的小组计划书准备不完善，导致活动中可能遇到的困难及解决方法不明确，活动中出现的失误无法消除，且为了节省时间将四次活动在一下午进行，每项活动完成略显仓促，占用老人时间过长，导致老人疲累，服务效果可能无法达到最好。

以上是对本次活动环节中出现的问题的反思，而从整体上来看，服务效能的实现是一个长期的过程，并不是在短期内就可以解决的问题，故而应从长远考虑。理论上，活动的举办可以为老年人的交流搭建一个平台，让参与到活动中的老年人彼此认识、熟悉，但是在实践中我们发现虽然的确构建了一个平台，但是并不是所有的老年人都会利用这个平台，他们依然局限于自己原本的社交网络之中，只是与熟悉相识的人进行交谈，虽然偶尔也会与不相熟的人交流，但是效果并没有想象中的那么好。

（二）建议

1. 合理安排时间。应该在活动开展之前安排好一切事项，准点开展，或者在等待的空白期带领已经到场的老人做一些破冰活动热身。

2. 前期应该充分做好活动计划，做好备用解决方案。在长者生日会前调查好当天过生日的人数，排除不确定性，并按照具体人数准备生日帽，这样更有生日氛围，且生日帽最好多准备一两顶，以做备用。

3. 将两边的桌子靠近，负责主持的社会工作者站在中央，这样既能够让老人们看清楚，又能够更贴近老人。

4. 成效的达成是一个循序渐进的过程，社工机构通过多次活动，让老人感受到温暖与关怀。机构应将四次活动分开进行，延长每次活动的时间，有利于让老人更好地融入这个团体，充分享受活动带给他们的乐趣。

5. 可以送给老年人一些小礼物，以吸引他们继续参与活动。

6. 工作人员要善于观察小组中性格较内向、不爱说话的老人，对其进行积极的引导和鼓励，使小组中的每个成员都能积极参与小组活动。

7. 对那些中途无故退出的组员要寻找原因，尽量让其参加，而对于那些中途要求参加的组员则耐心说服他们下次再来参加，并解释原因，望其理解。

8. 构建可持续发展的社区营造。社工机构在有条件的情况下应多举行类似的团体活动，不断提升老人的幸福感。

9. 充分利用社会媒体的宣传力和影响力，增加社会机构的知名度和影响力。

七　项目亮点

该项目不同于一般的社会工作服务，由于其执行机构前身是心灵家园，以心理健康咨询为主，故而有着专业的心理咨询人才与优越的咨询条件。由专业的心理咨询师以长者茶社心理健康讲座的形式进行活动，有效地为老年人疏导心理，缓解其潜在的心理危机，保持其身心健康。同时机构通过举办各种形式的公益活动，连接媒体资源，提升了社会组织的知晓度，增强社会各界对社会工作公益服务及专业心理咨询的认同感，有利于机构的培育和发展。

总而言之，老年社会工作作为一种专业的方法和技巧，无论是对于老年人个体、老年人群体，还是整个社会中的其他年龄群体都有十分重要的意义。做好社区的老年社会工作既是造福老年人个人，也是造福整个社会的事业。社工机构举办"暖心陪伴"关爱长者系列公益活动，充分发挥老年社会工作的积极作用，将社会工作的理念和价值融入社区老年人服务之中，使得社区养老服务更加深入，让老年人能够在社区中获得身心上的愉悦，大大增加老年人的幸福感。

作者简介

聂星宇　内蒙古大学民族学与社会学学院 2015 级汉授社会工作专业学生。

孙娟　内蒙古大学民族学与社会学学院 2015 级汉授社会工作专业学生。

13

邻里参与，社区共融

——公交综合小区邻里节活动

曹浩森　刘韵祺　武彩庆

一　背景介绍

为了弘扬中华民族优良传统，使邻里之间通过邻里节达到相识、相知、相助，做到以和为贵、以德为邻、与邻为善，建立良好的人际关系，进而培育居民的社区认同意识，让居民自觉参与社区治理和服务、承担社区责任、为社区奉献的积极性和主动性，呼和浩特市睿联凯舟社会工作发展中心与呼和浩特市社区服务协会、呼和浩特市赛罕区大学西路街道前进巷社区合作，在呼和浩特市赛罕区公交综合小区举办"邻里参与，社区共融"邻里节活动，相关活动也得到了安利（中国）内蒙古分公司（以下简称"安利公司"）及《内蒙古晨报》等企业的支持。

二　问题的分析与定义

根据《大学西路街道社区居民需求评估报告》调查结果，"有 26.8% 的居民认为参与社区活动时能够发挥一技之长，这是一种积极的参与心态，有利于调动居民的参与积极性。更多居民是抱着公益之心，重在参与的心态投入到社区活动中，比例为53.3%，这部分居民的参与性具有不稳定性，还有10.9%的居民在参与社区活动时抱着抗拒的心态，因为一些原因而勉强参与"。

根据上述资料，我们发现公交综合小区的邻里问题主要表现在有10.9%的居民抱着抗拒的心态，或因一些原因勉强参与社区活动，社区内的活动参与度不高。社区内的留守家庭的老人、身体不好或是缺能失能的居民、独居人群在遇到紧急状况或是需要帮助的时候，很难找到愿意信任和提供帮助的人，邻里关系淡漠问题的表象下隐含着社区支持网络等非正式支持网络缺失的实际情况，这是我们意在通过此次邻里节想要解决的问题。

邻里关系的营造另一方面重建了社区团结和信任关系，从整体上形成合力，有助于提高整个社区面对突发问题的应对能力。

三 需求评估方式

（一）数据基础：《大学西路街道社区居民需求评估报告》

《大学西路街道社区居民需求评估报告》的调查结果显示："有26.8%的居民认为参与社区活动时能够发挥一技之长，这是一种积极的参与心态，有利于调动居民的参与积极性。更多居民是抱着公益之心，重在参与的心态投入到社区活动中，比例为53.3%，这部分居民的参与性具有不稳定性。""还有10.9%的居民在参与社区活动时抱着抗拒的心态，因为一些原因而勉强参与，要重点对这部分居民进行关注，了解他们不愿意参与的原因，通过改进服务的方式和时间，调动其参与的积极性，避免使其成为社区隔离成员之一。"

首先，关于社区内26.8%希望通过参与社区活动发挥一技之长的居民，他们的需求是通过此类活动展现自己，丰富业余生活，进而找寻或是完整人生的意义。在这个层面上，本次邻里节的开办，无论是才艺展示还是我家拿手菜的环节都为这部分群体提供了一个参与和展示的平台，挖掘居民自主参与的潜能，使居民行使了参与社区事务的权利；与此同时，这对于社区骨干的培养也具有重大意义，通过对于积极踊跃参加活动且有一定组织能力和参与能力的居民的观察，社会工作者与他们建立了良好的专业关系，使其成为社区组织和管理的带动者。

其次，关于 53.3% 抱着公益之心参与社区活动的居民，由于他们的参与具有不稳定性，则说明他们并没有真正了解多样的社区文化活动，进而发现自己擅长什么、适合什么、缺乏什么，通过对这部分群体的分析，社区组织需要通过开展形式多样、内容丰富、贴合居民生活实际的社区活动，给予社区居民参加多种多样社区活动的机会，满足他们的公益之心。具体方式是提高他们社区文化的参与度，使他们养成关心社区事务的习惯，提高其参与社区活动的能力，使其发现自己的所长，进而使这部分群体参与社区活动具有稳定性，调动其社区参与的活力和积极性。

最后，关于 10.9% 对于社区活动抱有抗拒之心的居民，他们中的一部分群体是由于缺乏对社区活动的了解和认知，另一部分群体可能是由于之前参与社区活动时有一些不愉快或是失望的情绪经验，所以其对社区活动产生抗拒和躲避的心理。他们的需求是了解社区活动的组织方式、活动目的、活动内容和可能带给他们的影响。我们通过举办成功的社区活动将他们真正地拉拢和带入社区居民的角色，进而使其对社区活动发生改观。因而，社区组织在开展社区活动时要特别注意前期的活动宣传和后期的活动影响，使社区居民对本次活动的人员、物力、财力和时间、地点等基本信息有清晰明确的认知，这样社区居民才能明白我们为什么要举办这样的活动，为什么需要社区居民的参与和支持。另外，成功的社区活动不仅需要社区居民的积极参与，还需要专业人员的策划和实施、第三方的支持等，在成功的基础上总结经验，不断改进服务提供的方式、时间，以满足居民需求。

（二）项目要解决的问题

第一，此社区希望通过参与社区活动发挥一技之长的居民，他们的需求是通过此类活动展现自己，丰富业余生活，进而找寻完整人生的意义，以前社区没有举办过类似的能让其展示才艺的活动，从而无法满足他们的需求。

第二，有53.3%的居民并没有真正了解到多样的社区文化活动，不能发现自己擅长什么、适合什么、缺乏什么，原因是社区在此之前举办的活动较为单一，没有让社区居民发现自己所感兴趣的和擅长的方面。

第三，社区在之前所举办的活动宣传力度不够，并且没有达到预期效果，让某些居民有了不愉快和失望的心情，导致有10.9%的居民对社区活动产生抗拒心理。

因为以上所提三点没有被满足，所以策划了本次邻里节活动，用社区营造的方法来满足居民的需求，从社区生活出发，集合各种社会力量与资源，通过社区中人的动员和行动，来构建社区关系网络，共同解决社区的问题，从而推动社区的有效治理。

（三）服务效果预测

1. 通过文艺表演，丰富社区居民文化生活。

2. 通过分享美食，增强社区居民之间的互动。

3. 通过组织社区居民、社会组织、社工参与邻里节，树立互相关怀、互相帮助、互相温暖的信念，提升居民对社区的认同感、归属感及居民之间的凝聚力，增强居民对社区事务的参与事宜的意识，助力"三社联动"。

（四） 社会工作视角分析

1. 地区发展模式理论

罗斯曼从社会工作专业中的社区工作介入手法来定义地区发展模式。他认为地区发展模式是指假定社区的变迁可以乐观地通过当地居民居住在有关社区发展的目标决定和行动中的广泛参与来追求。所以地区发展模式作为社会工作的社区介入手法，强调的是民主程序、志愿合作、自我帮助、当地领袖的发展以及教育目的性等。

地区发展模式是在一个地域里，鼓励居民通过自助以及互助去解决社区内的问题，重点是提高居民的民主参与意识与挖掘培养当地人才。社区工作者发动、鼓励居民自己关心本社区的问题，了解问题并进行讨论、采取行动。社会工作者的工作主要是提高居民的民主参与意识，解决问题的能力和合作精神，加强居民对社区的归属感。

现代社会中，生活节奏的加快以及网络的普及和大范围使用冲击了传统的人际交往模式。人们更加独立，与社区以及邻里的联系极大减少，对于社区事务的参与和关注较少。通过举办邻里节活动，一方面，可以使居民之间的关系变得更加紧密，为社区建设打下基础；另一方面，也可以集中地了解大家关于社区中一些问题和解决问题的建议。

2. 社会系统理论

社区作为一种社会系统的观点产生于宏观社会系统理论。这种观点认为，社区是由许多具有重要功能的子系统组成的整体。社区的各个组成部分以有序的方式相互关联，并对社会整体发挥着必要的功能。整体以平衡的状态存在，任何部分的变化都会趋于新的平衡。

社区内的每一个居民以及居民之间的关系和互动是影响社区

的因素。因此社区建设以及问题的解决需要每一个居民参与其中，而并非个别人或者组织就可以完成的。邻里节正是以这样的理念为基础，通过走访宣传，希望尽可能多的居民能够参与其中，拉近社区居民，以及居民与社会工作组织的距离，尽可能建立一种互信互动关系。

3. 社会支持理论

社会支持是指一定社会网络运用一定的物质和精神手段对社会弱势群体进行无偿帮助的行为的总和，一般是指来自个人之外的各种支持的总称，是与弱势群体的存在相伴随的社会行为。

就目前的研究来看，我们可以按照支持主体将社会支持分为四类：由政府和正式组织（非政府组织）主导的正式支持；以社区为主导的"准正式支持"；由个人网络提供的社会支持；由社会工作专业人士和组织提供的专业技术性支持。这四类支持互有交叉，但在更多层面上相互补充，已经初步形成了政府主导、多元并举的社会支持系统框架。

此次社区邻里节的开展就是争取了各方资源和支持的一次成功实践。因为是比较大型的户外活动，需要的人力物力必然就会比较多一些。首先在物资方面，争取了安利公司的赞助和支持，其提供了活动需要的厨具和其他物资。其次在人力资源方面，争取到了内蒙古大学社会工作专业学生协助活动以及撰写和修改文书。后期宣传过程中，也是通过《内蒙古晨报》在微博、微信等开展媒体上大力宣传，取得了较大的媒体影响力。在活动当天，也邀请到了呼和浩特市民政部门的领导干部参与其中，也可以看出政府对此次活动的认可和支持。

4. 社会互动理论

社会互动即社会相互作用，是指在一定的社会关系背景下人与人、人与群体、群体与群体在心理、行为上相互影响、相互作用的动态过程，强调其动态性。社会互动理论认为，社会并不是外在于人的某种客观存在模式或者制度体系。社会不过是人们的互动行为模式化了的互动。"模式化"的内容扎根于人们的头脑中，表现为人们的"角色互动"行动中。个人与他人结成多少种互动关系，对他人来说，就有多少种社会。

居民通过参与形式多样的社区活动来与邻居以及社区组织发生互动行为，并且在互动关系中学习彼此的行为方式，以此来形成自己的解决和处理问题的方式；同时在这个过程中，也能加强彼此的了解和理解。

5. 镜中我理论

该理论由美国社会学家查尔斯·霍顿·库利提出，他认为，人的行为很大程度上取决于对自我的认识，而这种认识主要是通过与他人的社会互动形成的。他人对自己的评价、态度等是反映自我的一面"镜子"，个人通过这面"镜子"认识和把握自己。因此，人的自我是通过与他人的相互作用形成的，这种联系包括三个方面：①关于他人如何"认识"自己的想象；②关于别人如何"评价"自己的想象；③自己对他人的这些"认识"或"评价"的情感。

镜中我理论强调通过别人来调整自己的行为，是社会互动思想下的一种理论。参加邻里节的居民通过彼此的互动来审视自己的行为和方式，并学习对方的经验。一些内向或者不善于在集体和社群中交往的居民，可以通过交往和观察学习来获得行为的改变。他们可以把邻居和社区工作人员的行为作为参照物调整自己的行为。

6. 马斯洛需求层次理论

马斯洛需求层次理论的主要内容是将人类需求像阶梯一样从低到高按层次分为五种，分别是：生理需求、安全需求、社交需求、尊重需求和自我实现需求。核心观点是：个体成长发展的内在力量是动机。而动机是由多种不同性质的需要所组成的，各种需要之间，有先后顺序与高低层次之分；每一层次的需要与满足，将决定个体人格发展的境界或程度。

办活动的过程中，我们要看到高层次的需求，比如追求内心的满足，自我实现的倾向，居民在满足自己的基层需求后，渴望融入社区和集体，想要实现自己，得到发展，为社区建设出力。尤其是一些尚有余力的社区退休人员，他们在满足自己基本生活需要之后，希望通过参加或者组织一些活动来发挥自己的余热，来实现自我的价值。社区邻里节，就可以让他们参与其中，积极参加项目或者准备表演都是一种很好的方式，可以满足居民融入社区和自我实现的愿望。

综合上述理论陈述，我们认为每个人都有参与社区事务的权利和促进社区进步繁荣的能力。同样，每个人都有促进社区繁荣和进步的责任与义务。社区中的每一个居民和家庭都是社区不可分割的一部分，他们对于社区的稳定以及推动社区的繁荣和发展起着重大的作用，所以我们要将这些力量聚集起来，形成促进社区发展的强大力量。开展邻里活动，就是为社区居民参与社区活动奠定基础。

首先通过邻里节的筹办宣传和活动开展，我们可以让居民更加了解社区机构，以及自己社区内的一些组织和团体。同样可以招募到一些热心的居民来参与其中，让他们可以为社区活动出一份力，一定程度上得到自我实现和满足。然后在活动开展中，通过游戏互动以及包饺子、做拿手菜等活动，社区居民会与其他居民接触，通过直接交流或者间接观察，大家会根据别人的行为来调整行为，以此来学习合适的社会行为。更重要的一点是，我们想要通过邻里节拉近居民之间以及居民与社区组织之间的关系，在此基础上，调动人们参与社区建设和奉献社区的积极性与热情。因此在邻里节中，我们还需要一些游戏以及表演等活动来吸引居民参与其中。

四　资源提供

2018 年 4 月 25 日在呼和浩特市赛罕区公交综合小区举办"邻里参与，社区共融"的邻里节活动，此活动由呼市睿联凯舟社会工作发展中心主办，呼市社区服务协会承办，赛罕区大学西路街道前进巷社区协办，安利公司为支持单位，《内蒙古晨报》为合作媒体。参与项目活动的工作人员有专业的社会工作者、呼和浩特市社区服务协会工作人员、安利公司工作人员，此外，还有《内蒙古晨报》的专业摄像师对活动进行全方位的摄像，人员配备充足。

我们的服务对象为大学西路街道社区居民，《大学西路街道社区居民需求评估报告》的调查结果显示，有超过 50% 的居民乐意以公益之心、重在参与的心态投入到社区活动中，并且一些前期宣传，以及工作人员的耐心走访，大大保证了服务对象的参与度，为活动的顺利开展打下基础。

机构也提供了合适的场所来开展活动。而在项目资金方面，申报的 3000 元公益基金以及 4000 元自筹基金也为项目的实施提供了保障，其中舞台布置（舞台桁架、活动背景篷布、舞台红毯及音响）3500 元、礼品（随手礼 50 份和互动礼品 10 份）及游戏道具 2000 元、邻里宴所需物品（食材、调料、做饭用具、一次性餐具）1000 元、主持人费用 500 元。

除此之外，本次活动的一大亮点就是企社联合。在活动前期对企社联合进行宣传，部分居民表现出抗拒心态，认为企社联合就是在帮企业推销商品，后经工作人员耐心解释，居民普遍都改变了最初的看法。在活动举办过程中，安利公司不仅帮助本活动连接到了足够的资金，提供了活动的奖品，而且"我家拿手菜"等环节不仅丰富了活动的内容和形式，而且达到了对其企业产品进行宣传的作用。活动结束后，搜狗、百度、《内蒙古晨报》官方微博、《内蒙古晨报》微信公众号、内蒙古头条 APP 等网络媒体对本次活动进行宣传报道，同时对本次活动和安利公司进行了宣传，起到了"双赢"的作用。

五　项目实施

（一）小组对象

受益人群：呼和浩特市赛罕区公交综合小区的社区居民、驻区单位工作人员等都可以参与，形成人人支持、户户参与、共同发展的良好局面，拉近邻里间的距离，促社区新风形成，为构建和谐社区做出贡献。

（二）活动时间

2018 年 4 月 25 日 8：00 ~ 12：20。

（三）实施过程

1. 前期准备

走访入户，联系需要进行文艺表演的居民，协调好时间并了解所需物资，提前做好准备。虽然在活动前期对企社联合进行宣传时，部分居民表现出抗拒心态，认为企社联合就是在帮企业推销商品，但是后经工作人员耐心解释，居民普遍都改变了最初的看法，对本次活动的开展表现出了积极的态度。

4 月 1 ~ 30 日，主要进行前期预热和集中宣传，主要以告知性的消息为主，依次以适老化改造、社区邻里节、"三社联动"推进会等社区文化等为宣传点，重点营销活动的氛围。除此之外，综合利用版面宣传、新媒体宣传，影响政务人群，突出活动对地区经济的提升作用，以提高活动的影响力。

2. 猜灯谜（附谜题、王福红负责）（8：00～8：30）

8：00入场，开始猜灯谜游戏，将答案、名字写在小纸条上，交给工作人员，然后主持人公布答案，答对者找工作人员领取奖品。同时主持人和台下嘉宾开始一问一答的互动模式和破冰游戏（小蜜蜂嗡嗡嗡，时间控制在10分钟左右），调动活动气氛。

所需物品：灯谜、卡片、话筒、奖品。

参加人员：所有嘉宾。

注意事项：①活动开始前调试话筒、音响。

②主持人熟悉活动流程，并提前做好彩排工作。

3. 开场（8：30～8：40）（张敏负责督场）

主持人开始介绍举办此次活动的原因、意义、参与人员、举办单位。

主持人：尊敬的各位领导，亲爱的邻居们、朋友们，大家上午好！欢迎大家来到由呼和浩特市民政局、呼和浩特市睿联凯舟社会工作发展中心主办，《内蒙古晨报》社承办的社区邻里节活动现场。本届社区邻里节以"感恩邻里，守望相助"为主题，通过举办邻里宴、联欢会的方式组织社区居民参与社区活动，使社区居民加深彼此印象，促进社区居民树立相互关怀、互助友爱的文明新风尚，加深邻里情感，建立和谐、和睦新社区，进而提升社区居民对社区的认同感与归属感，弘扬邻里友爱、诚信、团结、亲善、守望、相助的传统美德。

活动时间：10分钟。

所需物品：无。

4. 领导讲话（8：40～9：00）（主持人：周智薇）

主持人：下面让我们以热烈的掌声欢迎民政局×××领导讲话。

活动时间：20分钟。

所需物料：讲话稿。

注意事项：领导讲话前，确认话筒是否正常。

5. 才艺大比拼（9：10~10：00）（负责人：王福红）

主持人：社区的阿姨为我们精心准备了节目……节目一……节目二……节目三。

活动时间：50 分钟。

所需物品：话筒、音乐。

参加人员：将演出名单罗列好（乔国龙、张敏负责）。

注意事项：①所有节目提前彩排。②提前下载好节目所需音乐。③提前和音控沟通好播放顺序。

6. 包饺子大赛（10：00~11：00）（梁秀云、安利公司）

活动规则：每组五人，分两组进行。和面、擀饺子皮、和饺子馅、包饺子。时间 30 分钟，每组 100 个饺子。评比规则：一要美味，二要美观。评委可由小区内的其他居民或活动主承办单位的领导担任。

所需物品：白面、水、面板、擀面杖、饺子馅（羊肉、胡萝卜）、帘子、盆、筷子、插座、锅。

活动时间：60 分钟。

参与人员：10 人（提前联系好）拟任小组长。

注意事项：①包饺子所需物料提前准备好。②提前确定参赛居民。③插座板、电线是否有效。

7. 我家拿手菜（10：00~11：00）（梁秀云、安利公司）

活动规则：安利公司工作人员为大家示范皇后锅的使用方法，并且为邻里宴提供所需的菜品。

所需物品：皇后锅、切菜板、刀、盐、油、酱油、料酒、生抽、醋、花椒、食材。

活动时间：60 分钟。

参与人员：安利公司人员 6 人，居民 10 人。

注意事项：①提前备好炒菜所需食材和家具。②主持人充分调动社区阿姨的积极性，让她们参与到活动中，与安利公司工作人员进行互动。

8. 宴会开始（11：10～11：30）（梁秀云、乔国龙、安利公司、张敏）

11：10，主持人宣布宴会开始。工作人员提前把桌椅摆好。

活动时间：20分钟。

参与人员：所有嘉宾。

注意事项：①工作人员提前把邻里宴的桌椅摆放好。②工作人员组织阿姨落座。

9. 互动抽奖环节（11：10～11：40）（张敏）

主持人：下面让我们用最热烈的掌声有请××领导上台抽奖……

入场之前给参加活动的人员发一张号码牌。11：10开始进行抽奖时，抽奖分三个环节进行，抽奖顺序依次是三等奖、二等奖、一等奖。抽奖嘉宾由主办、承办、协办单位领导担任。箱子里面装上号码牌。主持人现场进行抽奖，主持人抽到几号，持有相同号码的人员获得几号奖品。设三等奖3人，二等奖2人，一等奖1人。

所需物品：号码牌、抽奖箱、奖品。

活动时间：30分钟。

参与人员：所有嘉宾。

注意事项：①工作人员提前准备好抽奖箱和奖品。②提前告知抽奖嘉宾抽奖顺序。

10. 我爱我家（11：40～12：00）（全体工作人员）

11. 主持人：……（带动大家一起把活动场地的垃圾收拾干净）

活动时间：20分钟。

所需物料：垃圾袋、笤帚。

参与人员：所有嘉宾。

12. 活动结束、合影（12：10～12：20）（张敏）

主持人宣布活动结束，大家一起合影。

所需物料：椅子、相机。

活动时间：10 分钟。

注意事项：提前安排好合影座次。

六　目标达成情况

首先，从目标方面来看，《大学西路街道社区居民需求评估报告》调查结果显示，"有 26.8% 的居民认为参与社区活动时能够发挥一技之长，这是一种积极的参与心态，有利于调动居民的参与积极性。更多居民是抱着公益之心、重在参与的心态投入到社区活动中，比例为 53.3%，这部分居民的参与具有不稳定性。还有 10.9% 的居民在参与社区活动时抱着抗拒的心态，因为一些原因而勉强参与，要重点对这部分居民进行关注，了解他们不愿参与的原因，通过改进服务的方式和时间，调动其参与的积极性，避免使其成为社区隔离成员之一。"

所以，工作人员把本次活动目标定为培养居民的动手能力，丰富居民的日常生活，培养居民的游戏精神和参与意识。除此之外，引导居民树立"四心"，即对公益建设和社区事业要热心、对邻居交往要有诚心、对邻居的困难要关心、对弱势群体要有爱心，以此增强本届"邻里节"的吸引力和影响力。通过观察，活动目标基本达成。通过一些活动前期的走访宣传，调动了很多居民的参与积极性，并且通过猜灯谜、表演节目和制作并分享美食拉近了居民之间的关系，培养了其动手能力，促进了社区的和谐。

其次，从情感方面来看，此社区有很多居民不愿意参加社区活动，并且还存在着很多退休、患病以及独居老人。通过本次邻里节活动，把社区老人们组织在一起，通过参加工作人员组织的一系列活动，如猜灯谜、观看节目、包饺子、做菜、分享美食等，丰富了退休、患病以及独居老人的日常生活，促进了老人参加活动的积极性，增进了老人之间的感情，同时也有益于营造一个更加和谐的社区氛围。

最后，从行为层面来看，在前期走访过程中，很多居民认为本次与安利公司的这种企社联合的活动形式是收费的，并且主要意图是推销产品，不愿意表演节目或者参加后续的一些活动。后来通过工作人员的耐心解释，大多数居民都改变了自己的想法，在活动当天陆续到达现场签到并参加了所有的活动。活动举办的过程中，有的患病老人不能参与到包饺子、做菜等环节，游离在群体之外，想要提前结束本活动的参与。工作人员及时发现和引导，老人适时地融入了集体，完整地参与了整个活动，也收获了很多社区中的同龄朋友。除此之外，通过观察以及与老人们的交流，工作人员发现，他们都很喜欢类似邻里节这种形式的活动，而且在活动过程中都认真地参与了进去，气氛融洽、和谐，整个活动由于参加者们的热情、认真也圆满结束。

在活动后期媒体影响力方面，总体来说，活动结束后在网络上媒体的影响力十分广泛。在搜狗和百度上搜索"'三社联动'促'邻里互助　友爱共融'"，本活动连续四天均处于搜索结果首位；截至 2018 年 4 月 30 日晚，在《内蒙古晨报》的官方微博上发布的《"三社联动"促"邻里互助、友爱共融"——2018 年前进巷社区邻里节成功举办 》一文阅读量为 6438 次，在《内蒙古晨报》的公众号上发布的同一文章的阅读量为 102 次；公众号"呼和浩特市社区"也对本次活动进行了报道，截至 2018 年 4 月 30 日晚，发布在公众号上的文章《【幸福内蒙古】"三社联动"促"邻里互助　友爱共融"——2018 年前进巷社区邻里节成功举办》一文阅读量为 18 次；在内蒙古头条 APP 上也有《内蒙古晨报》对于本次活动的相关报道。

七 总结

（一）项目亮点

本次以"邻里参与、社区共融"为主题的社区邻里节，以社区活动的形式，积极发动社区内居民全体参与，其优势在于依托《内蒙古晨报》这一庞大的宣传媒体，使社会组织像企业宣传一样深入居民内部，通过组织社区居民参与社区活动，提高社会组织影响力，培养该社区居民"邻里互助、友爱共融"的社区文化，营造一种亲邻、善邻、友爱、互助的社区氛围。除此之外，本次活动还得到了安利公司的大力支持，并在"我爱我家"的环节中合作形式表现突出，这种企社联合的方式不仅为我们的项目活动提供了资金支持，更能带动社会组织与企业合作模式的形成，通过对活动效果的后期宣传，扩大影响力度，提升邻里活动的品牌效应。

（二）反思与建议

1. 结合服务对象的特点安排活动内容

在前期的活动策划过程中，社会工作者想出了"两人三足""袋鼠跳"等活动游戏，该活动参与度高，且能够活跃气氛，但在对于公交小区的调查过程中我们发现，能够参与到活动当中来的居民普遍年纪较大，类似活动不适合他们，反而会挫伤他们的积极性和自尊心，这就要求社会工作者了解服务对象的特点，恰当地选择适合服务对象的原则和技巧，例如采用"个别化"的原则，秉持"耐心、细心、周到"的工作态度，尽可能考虑到每个人的特殊需要。

2. 澄清社会工作者的角色

由于本次社区活动的一个重要环节在于沟通居民和连接资源（政策、资金），因此社工应特别注意在服务中的角色定位，在活动举办的前期，社会工作者充当资源获取者、倡导者的角色；而在活动举办的过程之中，社会工作者则扮演了支持者和管理者的角色，引导居民完成才艺的展示，并使其自主性、能动性得到充分发挥。

3. 打造可持续的社区营造

邻里节此类的活动主要体现了社区营造的过程，也就是从社区生活出发，集合各种社会力量与资源，通过社区中人的动员和行动，完成自组织、自治理和自发展的过程，而邻里互助氛围的营造并非一蹴而就，因此建议社会工作者思考活动的可持续性和承接性，譬如可以通过"第×届前进巷美食分享大会"等形式，培养居民参与的习惯，同时也有利于活动品牌的打造，这是本次社区邻里节带给我们的启示和思考。

4. 重视社区领袖的培养

由于本次活动的项目较多，社会工作者全权负责协调和安排未免显得有些吃力，因此建议社会工作者下次再举办该类活动时应注重对社区领袖的培训，例如在"才艺展示"的环节，确定一个可靠的、愿意服务大家的领导者去协调相关事宜，一方面，充分发挥了居民的主体性，注重其沟通、协商能力的培养和自信心的提升；另一方面，帮助社区工作者分担了重任，细化了职责范围，充分体现社会工作协助者、支持者的角色，一举两得。

作者简介

曹浩森 内蒙古大学民族学与社会学学院社会工作专业学生。

刘韵祺 内蒙古大学民族学与社会学学院社会工作专业学生。

武彩庆 内蒙古大学民族学与社会学学院社会工作专业学生。

14

"舞动手指，健康随行"

——手工和公益活动案例分析

张天阳　贾梦颖　洪林林

一　问题定义：空巢老人与社区老年人生活状况

（一）空巢老人的增加

空巢老人，一般是指子女由于学习、工作、结婚等原因离家后的中老年人，或没有子女照顾、单居或夫妻双居的老人，分为三种情况：一种是无儿无女无老伴的孤寡老人，另一种是有子女但与其分开单住的老人，还有一种就是儿女远在外地，不得已寂守空巢的老人。根据调查显示，"在空巢老人中存在心理问题的比例达到60%。而达到疾病程度，需要医学关注、心理干预的空巢老人，比例在10%~20%"。因此，关于老年人的电视节目少、健身娱乐设施不足、社区文娱康乐活动较少，导致老人的精神生活贫乏。加之退休后老年人社会活动减少、子女关怀不够，极易引发精神疾病。

根据2015年国家卫计委发布的《中国家庭发展报告（2015年)》显示，空巢老人占老年人总数的一半，其中，独居老人占老年人总数的近 10%，仅与配偶居住的老年人占 41.9%。随着社会的发展与社会老龄化程度的加深，空巢老人越来越多，已经成为一个不容忽视的社会问题。

（二）社区老年人生活状况

呼和浩特市赛罕区大学西路街道办事处总面积 3.48 平方公里，有蒙、汉、回、满、达斡尔等 24 个民族，截至目前总人口 8.9 万人。街道辖内蒙古大学、内蒙古师范大学、内蒙古农业大学以及前进巷、新建东、新安南路、四千米、群英、学府花园、牧机所 10 个社区居委会。而服务开展的地点为前进巷社区的公交小区，此小区住户大多为退休老年人。

1. 物质生活方面

现今大部分城镇社区老年人都有退休金与医疗保障，另外大部分子女也会对老人有物质方面的关怀，除有特殊情况的老人之外，如无子女无老伴的孤寡老人、有重大疾病的老人，但多数老人并没有物质生活方面的难处。

2. 精神生活方面

随着社会的不断发展与进步，精神生活在老年人生活中占有越来越重要的地位。虽然我们发现部分老年人能以积极乐观的心态安度晚年生活，积极参与各种活动，丰富自己的精神生活，但是还有很多老年人无法做到这一点，产生以下问题：社会交往能力差、极少参加社区活动，一些老人除了和自己的家人沟通接触外，并不与任何人交流，这很容易使他们孤独，从而产生许多心理问题。因此，老年人除需要紧急援助的服务外，还需要精神生活层面的文娱康乐活动。

3. 身体健康方面

大部分老年人认识到了锻炼的重要性，基于此，一部分老年人形成了广场舞团体，于每日上午跳广场舞，但是专家提出长时间跳广场舞会给老年人的膝关节造成损伤。另外老年人在日常生活中也需要一定的健康知识。

二 理论架构

(一) 需求分析的理论：马斯洛需求层次理论

美国心理学家马斯洛在 1943 年所著的《人的动机理论》一书中首次提出了人类需求层次的理论。基于人是有需要的动物和人的需要的层次性，马斯洛将人的需求层次从低级到高级分为五个层次：生理的需要、安全的需要、社交或情感的需要、尊重的需要、自我实现的需要。

1. 基本内容

（1）生理的需要。这是人类最基本的需求，如衣、食、住、行等。无论在何种水平下的社会，生理需求是其他各种需求的基础，人们首先要满足这种需求。

（2）安全的需要。这种需要可以分为两类：一是现在的安全需要，即要求现在自己生活的各方面有所保证；二是未来的安全需要，即要求未来生活的各方面得到保障。

（3）社交或情感的需要。包括爱情、友谊、接纳等方面的需要。人是一种社会动物，具有社会性，在生活和工作的过程中希望能够融入一个群体或组织，而不是孤立地去工作。

（4）尊重的需要。这种需要主要指自尊和受人尊重。自尊，指一种对自己所取得成就的自豪感；受人尊重，指别人对自己所取得成就的认可和赞同。

（5）自我实现的需要。这是人类较高层次的需要，包括自我价值的实现、对成功事业的追求等方面，它是人类自身不断进步的内驱力，是人类需求的最高标准。

在马斯洛看来，人类的五种需求还可以分为高低两级：生理的需要和安全的需要被称为较低级的需要；社会的需要、尊重的需要和自我实现的需要被称为较高级的需要。一般来说，人类的需求层次是从低级到高级逐渐递增的，只有低层次的需求得到满足后，人类才有高层次的需求，并且这种需求会越来越强烈。

2. 基于需求层次理论的老年人需求状况分析

（1）生理需要。经济收入是满足生理需求的基础，生理需求的满足程度取决于老年人的经济收入水平。现今大部分城镇社区老年人都有退休金与医疗保障，另外大部分子女也会对老人有物质方面的关怀，除有特殊情况的老人之外，因此生理需求基本得以满足。

（2）安全的需要。安全需求包括对人身安全、生活稳定以及免遭痛苦、威胁或疾病等的需求。健康是老年人特别关心的一件事情。人老了就怕生病，怕身边没有人照料或者不愿意麻烦别人，所以老年人希望获得一些医疗保健方面的宣传和培训。老年人最渴望了解的保健知识是老年常见疾病的防治与日常保健。而且老年人容易上当受骗，因此需要社区及社会组织提供一些有用的健康保健知识。

（3）情感的需要。每个人都需要与朋友、同事之间建立融洽的关系，都希望爱别人，也渴望被别人爱；每个人都希望参加一个群体，并成为群体的一员，从而不再孤独。在老年人的情感世界里，存在老伴、子女、亲戚的亲情，还有邻里、同事的友情。老年人害怕寂寞、孤独，希望有朋友进行沟通交流，有长期稳定的感情寄托。但是，我国老年人的情感方面却存在许多问题，需要社区的支持，形成社区互助组织，构建社区老年人朋辈群体网络，满足情感需求。

（4）尊重的需要。由于老年人退休前后的角色换位而引发一系列变化，由有权到无权，由有职位到无所事事，加之收入的减少，在各个方面失去很多，容易产生自卑感等悲观情绪，甚至不愿出门，不愿参加社会活动，怕受冷落，长此以往就会引起精神抑郁，出现意志消沉，这就为疾病埋下了种子。因此老年人群体需要被赋权，增强自信。

（5）自我实现的需要。老年人希望自己对他人、对社会有价值，能有一些适于老年人参与社会的机会，重新体现他们的价值，但是现今老年人就业机制不完善，缺乏工作岗位，使老年人不能继续工作，与老年人相关的往往是无所事事、无聊、贫困、孤独与疾病。这些实际上是对老年人价值的否定，导致老年人社会地位下降。但是老年人可以通过其他各种形式参与社会活动，保持与社会的联系。老年人可以参加一些产生积极情绪体验的社会活动，如公益活动、社区服务等，在参与这些活动的过程中实现自己的价值。

（二）指导实务的理论：社会学习理论

以班杜拉为代表的社会学习理论是角色扮演用于塑造个体行为的理论基础。小组组员均为同质性服务对象，在小组活动过程中，一是通过小组的活动内容，学习有关健康的知识，学习制作绢花的技巧，二是通过与其他组员的互动，相互学习，取得组员的支持。该理论认为人的行为同时受环境和个人的认知与需要的影响。工作人员实施活动时，需要每个小组组员的积极参与，组员可以通过工作人员讲授的榜样示范进行学习，因此，每个组员既是行为观察者，也是被观察学习者。

（三）指导实务的理论：交往行动理论

哈贝马斯认为，行动者之间的交往不仅能够传递和更新文化知识，以及调节不同意见或社会行为，而且能够促使社会整合，增强人们的归属感。而且最为重要的是，人们的交往行为能够促成个人自我观念的建构，充分发挥个体的主体性。通过该小组活动，组员能够接收小组活动中的相关知识与理念，更能借由组员之间、组员与工作员之间的互动达成交往行动的正向激发主体性的目标。

三　需求评估

（一）在此次项目中，我们从社会支持网络建设、社区参与、老年教育这三个方面进行，也是通过这三种方式内容去满足老年人内心及精神上的需求。

1. 社会支持网络建设

社会支持网络建设主要包括以下内容：对老年人的社会支持网络进行评估，包括个人层面可给予支持的人数、类型、距离及所发挥的功能，以及社区层面老年人群的问题与需求、资源配置情况及需求满足情况；综合使用各种策略以强化老年人社会支持网络，包括个人增能与自助、家庭照顾者支持、邻里互助、志愿者连接、增强社区权能等；巩固社会支持网络成效，建立长效机制。

2. 社区参与

社区参与主要包括以下内容：开展适合老年人的文化、体育、娱乐等各项活动，培养老年人兴趣团体，提升老年人的社会活跃度，丰富老年人的社会生活；组织老年人积极参与各项志愿服务，培育老年志愿者队伍，发展老年志愿服务团体；支持老年人参与社区协商，为社区发展出谋划策；拓展老年人沟通和社区参与的渠道，促进老年人群体的社会融合。

3. 老年教育

老年教育主要包括以下内容：老年人兴趣爱好及教育需求；推动建立老年大学、老年学习社等多种类型的老年人学习机构和平台；开展有关健康教育、文化传统、安全防范、新兴媒介使用等方面的学习培训课程；鼓励和支持老年人组建各种学习交流组织，开展各种学习研讨活动，扩大老年人的社会交往范围；鼓励老年人将学习成果转化，运用和传承，鼓励代际相互学习、增进理解。

（二）老年人会随着年龄的增长、社会地位的变化，会有不一样的体现。

在制度上，按规定退休；在经济上，收入明显减少；在社会上，漠视老年人的合法权益；在思想上，忽视老年人的价值和作用。此时期往往伴随着生理机能的减退和社会活动的减少，甚至存在疾病、子女分离乃至丧偶丧子等一系列伤痛事件，这些因素的综合作用决定了老年人心理需求的特殊性。

因此在这一阶段，我们要做到对老年人足够的关爱及陪伴，但因工作或者一些不可抗原因大多数子女做不到，这时我们可让社区组织发挥桥梁作用，让老人们彼此之间有更多的了解接触，从而拉近距离，同时也让老年人走出"做饭－看孩子－守家"模式，走进社区，使自己达到身心健康享受晚年生活，通过跟同龄人互动的增加而减少孤独感。

四　资源提供

在此次项目中，资源的提供者共有三个，分别是政府、市场和社会组织，三者所提供的资源共同促成了项目的完成，它们在资源提供的方面差别较大，具体如下。

政府在宏观层面上为老年人的基本生活提供了保障，如医疗保险、养老保险、医疗救助和生活救助等，这些政策保障了老年人的物质生活的基本需求，使他们有机会、有动力追求更高质量的生活，追求精神和心理上的满足，老年人不仅要活着，还要健康、快乐、积极向上地活。另外政府还通过购买服务、培育社会组织等形式发挥作用，增进福利。

市场作为资源提供者之一，在此次项目中一是提供了手工编织的原材料，市场为手工材料的购买提供了选择性，使项目的开展者可以货比三家，选择质量最优、价格合理的手工原材料；二是培训手工老师和健康操老师，社会组织的工作人员学习手工和健康操的技能，可以使此次小组活动完美地进行，也为丰富以后的活动内容提供了可能性。

社会组织首先提供了具备充足实践经验的工作人员，他们长期与老年人群体接触，在开展老年人活动时非常具有优势，懂得同理和沟通的技巧，可以保持良好的氛围和动力，更专业。但是社会组织的行动受资金的限制，一切计划要根据项目资金的多少进行调整和改进。社会组织孵化基地为活动提供了场地，保证了活动按时有序进行。

为了满足前进巷社区老年人的需求，天颐之家老年人服务中心和蓝丝带家庭综合服务中心依托睿联凯舟社会工作发展中心社会组织孵化平台开展了"舞动手指，健康随行"手工公益活动。

本项目是政府部门民政厅以政府购买服务的方式，通过睿联凯舟社会工作发展中心社会组织孵化平台向两个社会组织（天颐之家老年人服务中心和蓝丝带家庭综合服务中心）提供公益种子项目资金，每个组织各 1000 元，两个社会服务组织通过对社区居民需求的调查，确定活动目标，并根据目标来设计活动主题和内容，也就是做计划书，要明确四次活动的具体内容、活动流程、所需物资等，充分高效地使用项目资金完成整个活动，在活动完成后要进行评估，分为机构内评估和第三方评估、过程评估和结果评估，用评估结果向服务的购买方即政府部门和孵化平台展示成果，交代服务的完成度。

睿联凯舟社会工作发展中心社会组织孵化平台为此项目提供

了固定的开展场地，在服务开展前召集各社会组织开会培训，并联系了《内蒙古晨报》对活动进行了报道，扩大了影响力，使更多的人了解机构和此类服务，为以后的活动扩展了服务对象的范围。

两个社会服务组织通力合作，各派出一名工作人员进行培训，作为健康操老师和手工老师，还有协助的工作人员和志愿者，人力资源比较充足，从手工艺品商店购买绢花的原材料，教授老年人健康操和手工编织两种技能，增加其动手动脑机会，促进社区老年人之间的沟通。

通过最后的评估，老人们表示已经学会健康操并且能够运用到生活中，学会了手工绢花基础的部分，但不是很熟练，和组员的沟通良好，有困难时会主动求助，基本完成了目标。从政府到社会组织孵化平台，从社会组织孵化平台到社会组织，再从社会组织利用市场获得原材料和培训资源，进而满足服务对象需求。资源就是如此连接并传递的，从而得到有效利用，真正惠及服务对象。

五　项目活动计划

（一）项目名称

"舞动手指，健康随行"。

（二）项目活动目标

90%的老人学会健康操，并将健康操运用到日常生活中，预防疾病，锻炼身体；60%的老人学会制作一个手工制品；85%的老人在活动中相互熟悉，相互支持，相互帮助，团结协作，构建社区朋辈支持网络；80%的老人满意此次活动，并表示以后会积极参与社区活动。

（三）项目活动时期

2018 年 4 月 18～25 日。

（四）项目活动频率

一周两次，共四次。

（五）招募对象及人数

居住在大学西路街道办事处管辖的社区，55 岁以上有能力进行手工制作和健康操锻炼的 15～20 名活力中老年人，主要面向社区已有的草根组织招募。

（六）项目实施方案

1. 聘请或培训手工编织老师、健康操老师；

2. 联络场地，组织并培训志愿者、工作人员；

3. 购买手工绢花的原材料；

4. 招募活动成员；

5. 根据成员的时间安排，综合整理出恰当的活动时间，并将活动时间和地点告知成员；

6. 有条不紊地开展四次活动（第一次健康操和手工制作，第二次健康操和手工制作，第三次健康操，第四次手工制作），并进行记录和改进；

7. 结束活动，对服务结果和服务过程等进行评估。

（七）项目财务预算

天颐之家老年人服务中心申请资金 1000 元，蓝丝带家庭综合服务中心申请资金 1000 元，共 2000 元。具体分配如下：

1. 天颐之家老年人服务中心：手工编织培训老师 1 名 300 元，物资购置 300 元，志愿者 4 名，共 400 元。

2. 蓝丝带家庭综合服务中心：物资购置 300 元；志愿者 2 名，共 400 元；健康操培训老师 1 名 300 元。

两者合计 2000 元。

（八）项目评估

总体来说，从目标完成情况来说，经过成员的满意度调查，几乎所有老人都学会了教授的健康操，也能将其运用于平常生活中，基本达到目标；在手工制作方面，成员们的掌握度较差，只是基本学会了制作花瓣，没有达到目标，但是成员们还是很满意此次活动，也表示会经常参加社区活动，希望下次可以多教授一些健康操；在内容的完成方面，与初步设想的活动内容有些出入，内容的完成度不是很好，成员也希望下次活动中社会工作者可以对活动内容有详细的计划，不过还是对此次活动比较满意，希望这样的活动再多一些。组员之间的熟悉度大大提升，交流增多，互帮互助，草根组织的能力得到了提升。

六　项目活动过程

（一）第一次项目活动记录及评估分析

1. 背景资料

（1）活动日期及具体时间：2018 年 4 月 18 日，9：00～10：20。

（2）活动地点：内蒙古呼市赛罕区前进巷社区。

（3）出席人数：15 人左右。

2. 本节活动的具体目标

老年人学会做简单的健康操动作，活动筋骨，放松心情；手工编织老师讲解手工编织的几个步骤，带领组员一起做手工绢花的零件部分。

3. 活动资源提供

政府提供项目资金，孵化基地提供场地，两个社会组织提供工作人员（健康操老师、手工编织老师、志愿者及其他工作人员），市场提供手工绢花原材料和培训老师。

4. 评估整节活动

首先，工作人员向组员进行自我介绍，并相互认识，向组员介绍做健康操的好处，并带领组员学习、练习简单的健康操，根据组员的体力状况适时结束健康操的学习后，开始学习制作手工绢花，在制作过程中充满着欢声笑语。在工作人员的引导下，老人的心情十分愉快，形成了良好的小组氛围与小组动力，但是其中也不乏问题：座位安排稍不合理，人多时围成一个椭圆形，只有老师附近的人能听清、看清制作步骤，距离远的成员只能彼此沟通探讨，学起来很费力；其次，购买材料时没有考虑到实际使用的情况与实际的需求，没有根据物资经费控制组员人数，导致原材料不够用。

5. 工作人员工作技巧及反思

工作人员在以往的工作中积累了很多与老年人建立信任关系的技巧，而且工作员的年龄也与成员比较接近，所以第一步建立关系方面做得比较好，花费的时间少，关系融洽，没有出现想象中的尴尬局面。在学习制作手工绢花时，手工老师在动手制作的同时注意与周围成员的交流，成员们也互相交流指导，互动频繁，小组凝聚力强，合作成为小组的动力。两个社会组织合作，优势互补，资源更加丰富。

不足：前期准备不足，没有依据实际情况中成员数量的变动而准备物资，参加第一次手工制作的成员人数多，原料不够。座位安排稍不合理，制作过程比较复杂，不容易学，可以将制作步骤分为若干个小步骤，每教完一个小步骤可以巡视一圈，指导每个成员，成员不会因跟不上节奏而失去兴趣、游离组外。

（二）第二次项目活动记录及评估分析

1. 背景资料

（1）活动日期及具体时间：2018 年 4 月 19 日，9：00～10：20。

（2）活动地点：内蒙古呼市赛罕区前进巷社区。

（3）出席人数：24 人。

2. 本节活动的具体目标

复习上节课教授的健康操动作，并教授新的动作；手工编织老师讲解手工编织的几个步骤，带领组员一起做手工绢花的花瓣部分。

3. 提供活动资源

社区和孵化基地提供场地，两个社会组织提供工作人员（健康操老师、手工编织老师、志愿者及其他工作人员）、资金及购置手工绢花原材料，《内蒙古晨报》提供摄像师。

4. 评估整节活动

首先，经过上次活动的学习，组员们也可以回忆起健康操的动作，老师在带领组员巩固第一节活动中教授的健康操之后，教授了新的内容，但是媒体的出现让老人们不能专注于活动，大量的时间浪费在宣传与摄影上，活动的完成度不高。其次，参加第二次活动的成员相比于第一次增加了近 10 人，座位安排不合理的问题又凸显出来。在活动的最后还增加了一个"开心一刻"的小环节，老师带领大家一起做搞笑的动作模仿片段，调动了成员们的积极情绪。

5. 工作人员的工作技巧及反思

在上次活动中，工作人员已经与组员建立了信任关系，在此次活动中，工作人员能够调动大家的积极性，并且能够很好地引导组员进行下一步的活动，根据活动内容引导草根组织发挥其自身的凝聚力。

此次小组活动为开放小组，因此每次小组的人数是不确定的，第二节的组员相较于第一节来说增加了近10人，给活动带来了较大难度，组员人数多，绢花材料准备不足，场地安排不合理，有的组员距离老师太远，无法学习到如何编织绢花，只能靠组员与组员之间的交流。工作员并没有对这样的情况做出预期，在出现这些问题的时候有些手忙脚乱，工作员应在活动开始前做好计划与预期，对于可能遇到的问题提前想出可能的解决办法。

（三）第三次活动项目记录及评估分析

1. 背景资料

（1）活动日期及具体时间：2018年4月23日，9：00～9：30。

（2）活动地点：内蒙古呼市赛罕区前进巷社区。

（3）出席人数：10人。

2. 本节活动的具体目标

复习巩固健康操，让组员能够学会一套完整的健康操。

3. 活动资源提供

社区和孵化基地提供场地，社会组织提供工作人员（健康操老师、志愿者及其他工作人员）。

4. 评估整节活动

第三次活动比较仓促，表现在时间和内容的安排上，第三次活动只跳了健康操，并没有完成手工制品的制作，也没有教授新的内容，只是巩固了之前学习的内容。

5. 工作人员工作技巧及反思

在本节活动中，工作员组织组员复习了健康操，并鼓励组员将健康操运用于日常生活中，组员基本上都学会了健康操，也喜爱健康操，并表示这样的活动应该多一些。但本次活动与其他项目活动的内容发生了冲突，工作人员与组员并没有提前交流本次活动的时间与内容，因此会产生这样的情况，工作人员应在活动结束后向组员说明下次活动的时间与内容，并在活动前一天通过电话通知。

（四）第四次项目活动记录及评估分析

1. 背景资料

（1）活动日期及具体时间：2018 年 4 月 25 日，14：30 ~ 16：00。

（2）活动地点：内蒙古呼市赛罕区前进巷社区。

（3）出席人数：7 人左右。

2. 本节具体目标

学会做手工绢花，并独立制作一个成品，处理离别情绪，总结和巩固小组已有的成效，鼓励组员将学到的东西运用到日常生活中。

3. 提供活动资源

社区和孵化基地提供场地，两个社会组织提供工作人员（手工编织老师、志愿者及其他工作人员）、资金及手工绢花原材料。

4. 评估整节活动

首先，未与小组成员及其他相关人员和机构商量临时改变活动时间，与其他项目活动的时间安排上发生了冲突，因此活动成员大大减少；其次，因为活动时间是下午，已经过了老人们锻炼的时间，并没有跳健康操，只是制作手工制品，工作员做得比较快，而组员仍然做得比较慢，有的人只会做前几步，而且需要不时地请教老师。

5. 工作人员工作技巧与反思

工作人员肯定组员在小组中的优良表现和贡献，在交流中鼓励组员在小组活动结束后继续保持锻炼身体和积极动手动脑的习惯，在小组中互帮互助。但是没有提前考虑可能会出现的意外情况并制定策略，导致意外情况出现时无法做出有效应对，活动人数骤减，影响效果。因此与组员沟通时间等问题也十分重要。

6.跟进计划

结束活动，做过程评估和结果评估，判断目标的达成度以及为以后活动的改进提供参考。

七　项目整体评析

在现代化生活节奏越来越快的情况下，老年人长期退休在家，跟社会的接触较少，孤独感及恐慌感越来越严重，且感到生活愈发地单调无趣。每个社区都有相当多的老年人有同样的感受，随着财富的增多和社会地位的提高，在这种快节奏的城市化生活中，人们的主观幸福感反而会下降。中国进入老龄化阶段，每个社区中需要陪伴和交流沟通的老年人的需求明显增多。此时，政府也致力于提高人们的生活质量，本次活动是想通过手工艺制作及做健康操的活动，使老年人加强锻炼、增强体质、增加动手及提高动脑能力，改善以往单一的广场舞可能带给老年人生理上的一些伤害，让老年人心情愉悦，提高老年人的生活质量。让老年人感受到来自社会的关爱、温暖和陪伴，使其需求得到满足。

而此次"舞动手指，健康随行"活动是通过身体和手部运动来让老年人的晚年生活更加有意义，使其心情愉悦的同时增进老年人的沟通及交流能力。第一部分是由志愿者带领老年人做健康操，活动筋骨，促进其身体健康，放松心情。第二部分是手工编织老师讲解手工编织的技巧和方法，让老年人在学习的过程中，不断动脑筋提高思维能力、动手能力，预防老年人的痴呆症等各种老年疾病的同时学到一种技能来丰富生活。本次活动最直接的影响也在于让老年人走出"做饭－看孩子－守家"模式，走进社区使自己达到身心健康，享受晚年生活，因跟同龄人互动的增加而远离孤独感，并且为草根组织增能，促进其发展。

在认知方面，几乎所有老人都从活动中获得了健康小知识，同时也认识到长时间跳广场舞会对膝关节造成伤害，并认识到健康操的功能与效果，还认识到做手工对预防老年痴呆有积极的效果。

在情感方面，参加此次小组的组员大多为社区的老年组织的成员，因为经常一起跳广场舞，彼此认识，但经过参加此次小组活动，老年人更加体会到了不同于家人之间的关爱，加强了组织成员之间的联系、加强了组织成员之间的支持与互助精神，在使老年人身心愉悦的同时加强了社区朋辈群体支持网络的构建与联结。

在行为方面，老人们学会了健康操和初步制作绢花的方法，并表示会把健康操教给老伴，除跳广场舞之外还可以跳健康操，减轻了膝关节的负担。在活动中，老人们遇到问题也积极寻求帮助，形成了团结协作、互帮互助的小组氛围。

总体来说，从目标完成情况来说，经过成员的满意度调查，几乎所有老人都学会了教授的健康操，也能将其运用于平常生活中，基本达到目标；在手工制作方面，成员们的掌握度较差，只是基本学会了制作花瓣，没有达到目标，但是成员们还是很满意此次活动，也会经常参加社区活动，希望下次可以多教授一些健康操。

如上所述，政府通过购买服务的方式，通过社会组织孵化平台购买社会组织的服务，提供项目资金。社会组织承办活动，从市场处购得所需的物资，根据服务对象的需求设计符合实际情况的活动内容并付诸实践，满足服务对象的需求，政府、市场和社会组织联动，将资源转变成实际的服务输送给服务对象，完成资源的合理利用，政府、市场和社会组织的优势互补，弥补了各自存在的一些不足之处，达到整体大于部分之和的效果。

但是，我们也必须辩证地看其中存在的一些问题，在整个活动的过程中，我们发现社会组织中缺乏专业的社会工作者，专业程度比较低，虽然工作员拥有很多与老年人一起工作的经验，但是欠缺一些专业知识和技能，对于计划活动所需的步骤不甚了解，政府所提供的资金有限，社会组织的活动内容和服务对象人数因此受限，需要社会组织思考该如何将有限的资源进行效益最大化，市场的竞争机制推动了商品质量的提升，但是市场复杂多变，也存在风险，需要社会组织去辨别优劣，从中获取真正的、实在的资源。如何克服各资源提供主体中存在的弊端，最大程度地发挥其优势，仍需社会组织在以后的实践中不断地进行探索。

作者简介

张天阳　内蒙古大学 2015 级汉授社会工作班学生。

贾梦颖　内蒙古大学 2015 级汉授社会工作班学生。

洪林林　内蒙古大学 2015 级蒙授社会工作班学生。

后　记

　　本丛书是呼和浩特市民政局"三社联动"小组与呼和浩特市睿联凯舟社会工作发展中心联合课题组的合作研究成果，同时本丛书也是2018年第八批"草原英才"工程"'三社联动'下社区社会工作创新研究人才团队"的研究成果。我们的精诚合作塑造了一支重实务、重行动研究的团队。参加本丛书撰写的团队成员有：吕霄红、杨志民、齐全平、郜秉英、刘强、余炘伦等，因为他们辛勤的投入，丛书才得以顺利完成，在此对编写者们严谨踏实的治学态度表示感谢。

　　自从进入呼和浩特市基层社区治理这一富有生命力的研究领域之后，我们的研究灵感都来自在这块有着浓厚多元文化内涵和治理智慧的田野中的实践。多年来，我们坚持深入社区，进行资源需求评估，形成项目清单，推动了"三社联动"核心团队的建立；以需求为导向，培育和发展社会组织，推动地方的政府部门有效开展公益创投，形成"政社、校社、企社、社社"的多方合作平台，带动社会各界力量参与内蒙古自治区社会治理创新，同时也推出了"知行合一"的系列行动研究成果。

　　今年恰逢中华人民共和国成立70周年，我们团队愿把这套丛书献给这个伟大的历史时刻。读社会，读人心，比读文字更复杂。因此，我们聚焦在呼和浩特这座富有活力的城市，走出象牙塔，走进社区，打通服务居民的"最后一公里"。呼和浩特市睿联凯舟社会工作发展中心的专家团队承担了该丛书的全部组织工作，中心专家刘强、余炘伦老师，在各主编的丛书中，发挥了各自的专业优势，在写作思路和框架上，多次开会讨论最终成稿；中心主任吕霄燕、副总干事王孟然与作者、出版社等相关方，进行了多方、高效的沟通；要特别提出的是，参与本丛书编纂的内蒙古大学民族学与社会学学院的研究生和本科生团队，他们不仅出色地完成了项目的督导工作，还承担了不少资料收集整理及辅助性的研究工作，为研究和报告的撰写提供了巨大的便利。研究生团队有：内蒙古大学的傅剑超、黄惠泽、武雪芳、刘竞、孟占连、张彪、王雅倩、贺蕾、孙婉莹、朱丽娟，内蒙古工业大学人文学院的武文慧、甄艳青等。本科生团队有：杨雪慧、纪阿茹罕、乌日那、艳丽、王梦泽、武彩庆、李宁、聂星宇、毕楚楠、张天阳、阿润等。

本书的出版首先感谢呼和浩特市民政局的各级领导和社区管理者的大力支持和积极配合。史柏年教授为本丛书欣然作序，作为首任中国社会工作教育协会副会长、秘书长，最早从事社会工作教学和研究的学者，他在社区治理创新发展领域成果卓越，他的指导与帮助，这是本丛书得以面世的关键。内蒙古发展研究中心原党委书记蔡常青，在"基层治理"理论和实践领域沉浸多年，并在自治区多次获奖，是一个科研严谨与人文情怀兼备的学者，他的推荐为本丛书加上了浓墨重彩的一笔。当然，我们还应该感谢社会科学文献出版社的鼎力相助，本书责任编辑胡亮、隋嘉滨付出了大量的心血，我们对他们的感谢是难以言表的。特别感谢封面设计素材的创作者常永刚先生，他为我们丛书奉献了自己的三幅作品，作品都是取自呼和浩特市的素材，以他独特的画风展现了"塞外青城"的大美风情。

本丛书是我们对内蒙古的一座城市的基层治理的实践探索，

也是第一次尝试对所进行的本土社区治理实务的系统研究，诚挚地希望大家提出中肯的批评与建议！

呼和浩特市睿联凯舟社会工作发展中心

吕霄红

2019 年 1 月 16 日

图书在版编目（CIP）数据

"三社联动"政策下的地方社区实践：以呼和浩特市为例／杨志民主编. -- 北京：社会科学文献出版社，2019.6

ISBN 978 - 7 - 5201 - 3550 - 4

Ⅰ.①三… Ⅱ.①杨… Ⅲ.①社区管理 - 管理模式 - 研究 - 呼和浩特 Ⅳ.①D669.3

中国版本图书馆 CIP 数据核字（2018）第 219449 号

"三社联动"政策下的地方社区实践
——以呼和浩特市为例

主　　编／杨志民
副 主 编／余炘伦　郜秉英　吕霄红

出 版 人／谢寿光
责任编辑／胡　亮

出　　版／社会科学文献出版社·群学出版分社（010）59366453
　　　　　地址：北京市北三环中路甲29号院华龙大厦　邮编：100029
　　　　　网址：www.ssap.com.cn
发　　行／市场营销中心（010）59367081　59367083
印　　装／三河市尚艺印装有限公司

规　　格／开　本：787mm×1092mm　1/16
　　　　　印　张：13.75　字　数：173千字
版　　次／2019年6月第1版　2019年6月第1次印刷
书　　号／ISBN 978 - 7 - 5201 - 3550 - 4
定　　价／89.00元